为了自由呼吸的教育

李希贵 —— 著

教育科学出版社
·北京·

前　言

2004 年感恩节，我完成了本书最后一章的写作（之后由高等教育出版社出版）。今天，当我坐下来为本书的再次出版写几句话的时候，又恰逢 2016 年的感恩节。看来，这本书注定了和感恩有关。

10 多年前，当我得知自己入围"中国当代教育家丛书"写作项目时，内心充溢着复杂的情感，意外、激动、有压力，既有虚荣心的招摇，更有诚惶诚恐的迷茫。在那段时间里，给太多的朋友带去了太多的麻烦，请他们帮我梳理过去、规划未来，由他们帮我打开尘封的记忆、久埋的心结。那是一段写作的经历，更是一段"等一等自己的灵魂"的人生旅程。正是那样一段刻骨铭心的心路历程，才进一步坚定了我再一次回到校园的决心，最终才有了我和老师们、孩子们在一起的快乐时光。人生就是如此不可思议，若干个偶然、巧合，铸就了自己的命中注定。

本次出版，我没有续写 2005 年至今十几年的经历，是因为上次写作的教训。尽管从写作的角度来看，眼前的事情我们记得更真切，写起来也更顺畅，但是不经内心的沉淀，不经时间的检验，再翔实的细节都不一定具有根本意义上的真实，都不一定会给别人以有意义的启发。每一次写作都是为了读者，而不仅仅是为了给自己一个交代，我越来越坚定地守着这样一个写作底线。

年轻的时候，我很不理解苏格拉底的那句旷世名言——"认识你自己"，他为什么把这句话作为自己哲学原则的宣言，而且还把认识自己作为人生最难攻克的命题？栉风沐雨，砥砺前行，到今天我才渐渐明白，这也许是造物主赋予人一生的课题。没有一生的长度、宽度和厚度，真的是无法解开这道旷世难题。幸好，我在亲爱的朋友们和同事们的帮助下，已经找到了一些解题的工具和方法，我也愿意在人生的每一个阶段与大家共同分享我的心得。

谢谢所有给过我帮助的人。

2016 年 11 月 24 日

目　录

楔 子　不是教育的教育

第 1 章

乡村中学

第 2 章

穿越"雷区"

第 3 章

高密教育

第 **4** 章

强市之梦

楔子

不是教育的教育

我出生在一个普通的农民家庭，我的长辈和亲友中没有人做教师，没有人懂教育。但正是不懂教育的他们，以勤劳、善良、宽厚的品格熏陶了我，为我奠定了做人的基础，让我能够自由自在地生长。教育其实很简单：一腔真爱，一份宽容，如此而已。

爱书的爷爷

　　我来到这个世界上，幼年、小学、中学、大学，为人师、做校长、当局长……似水流年，已经过去了四十多个春秋，从事教育工作也二十多年了。随着阅历的增加，反倒越来越多地审问自己一些原本不曾思考过的问题：什么是教育？教育的本质究竟是什么？

　　奇怪的是，每当这个时候，我就会想起我的爷爷。

　　爷爷没有上过学，靠自修能够读书读报。农闲时帮村里人选选日子，看看风水，村里人有了事，也都愿意找他评说事理，他是农村中那种颇受尊重的明白人。我舅爷是个秀才，毛笔字浑朴遒劲，他亲手抄了一套《三字经》《百家姓》《千字文》赠给我爷爷，我爷爷把这三本手抄的书视若珍宝，平常总是锁在一个乌黑乌黑的柜子里。在我刚满三岁时，爷爷就开始教我读《三字经》《百家姓》《千字文》，讲其中的典故、人物。尽管受文化所限，有时爷爷也会讲错，如将"若梁灏"讲解成有个叫"若梁灏"的人，但他讲解时那种庄重真诚的样子，却永远铭刻在了我童年的心上。对书中内容，我听得似懂非懂，有些压根儿不懂。但那时既已成诵于口，成年后自然就烂熟于心，其中真意至今我还在反复咀嚼。

　　现在回想起来，单是爷爷阅读那几本书的过程就足以令人感动。

　　每次阅读时，爷爷总是要认认真真地把手洗得干干净净，然后双手捧出手抄的书本，戴上老花镜，一字一句认真阅读。家里人都知道，这个时候，是谁也不能打搅爷爷的。阅读完毕，爷爷还要仔细把书收好，再郑重地锁到柜子里。记得有一次我不小心打翻了墨水瓶，《三字经》的书页沾上了墨汁，一向和善的爷爷，眼神立刻变得从未有过的严厉。现在细细回味，老人对书的虔诚包含着对文化深深的尊重和皈依。虽然他从来没有用大道理讲述文化的重要——当然，那也是一个终生务农的农民不可能讲得出来的，但他以朴素无华的行为，无声地向幼小的我传递了这样的信息：书，是世界上最宝贵的东西，它比金钱、粮食都重要。直到现在，这样一个镜头还会经常在我脑海中定格——土炕上，留着长须的爷爷，戴着老花镜，用苍老的嗓音，和着我稚嫩的童音，一起吟唱："人之初，性本善。性相近，习相远。……"

每当这时，我的心底总会涌起深深的感动。

爷爷不懂教育，当然也没有修习过教学法，但他不经意间表现出的对阅读的浓厚兴趣、对书籍的发自心灵深处的珍惜，却润物无声、潜移默化地影响了一个幼稚的生命，播下了热爱读书、热爱文化的种子。

对一个人的成长而言，情感的种子总是播下得越早越好。

父亲和母亲

我从小生活在一个幸福的大家庭里，虽然同绝大多数农村家庭一样，生活充满了艰辛。

爷爷、奶奶、父亲、母亲、姑姑、姐姐和我构成一个和睦的家。

父母是孩子的第一任老师，"老师"总免不了说教，但我的父母都不是擅长用话语教育儿女的人。有时他们甚至把某些话掩藏起来，大概他们觉得那个年龄段的孩子不应该承受这些。我读大学时，正值家中经济十分拮据。我酷爱买书，

人生幸福的体验首先来自幸福的家庭

在同学中属于花费高的，但每次回家取钱，父母总是事先准备好。有一次，我偶然发现，其实他们是向邻居借的钱。后来说起这事，他们还是那个朴素的道理：你当时专心读书就行了，这些事不该你管。

母亲是个干什么都要强的人。在生产队干农活，她总是妇女中完成得最好的，挣的工分也最多。背棉花柴、铡玉米秸这类重活，她也总是争第一。

母亲又是个讲效率的人。她做事有一个好习惯，需要当天完成的活儿决不拖到第二天，即使干到深夜，也要收拾得停停当当。有时姑姑或姐姐喊累，要缓一缓，母亲就说："明天还有明天的活儿呢。"

母亲对我影响最大的就是做事的习惯。正是这种良好的做事习惯让我终身受益。

母亲做事风风火火，父亲恰好相反。父亲很沉得住气。我的儿子降生后，我回家告诉父母。母亲第一句就问："是男孩儿还是女孩儿？"然后拉着我去找父亲。性急的母亲和我约好，先不把生男孩儿的事告诉父亲。父亲却一脸淡然，就是不发问。母亲急了："你这人怎么不关心是不是孙子？"父亲笑了："我还问啥？从你脸上还看不出来？"一旁的我憋不住笑了。

父亲沉稳淡泊，我有点儿像他。

父亲待人宽厚，乐观豁达。他的眼中没有坏人。同村一个青年，出身不好，又沾上偷窃的习气，一天晚上偷走了我家的笤帚苗。生活困难时这在农村算是大事，生产队长一查到底，最终水落石出。父亲却力保那个青年，替他说了许多好话，使他免遭惩罚。而且以后一直对他以诚相待，碰到他结婚、生孩子一类大事，父亲竟也前去贺喜，尽力相帮。

高中毕业后，我面临几种选择：留校，参军，回村当民办教师，去公社建筑社做会计。究竟何去何从，17岁的我有点儿茫然。父亲却不置一词，一切由我做主。很长一段时间以后，别人对我谈起这件事，说父亲当时是这么说的："他大了，这种事他自己会做主，我心里有数。"

父亲对新事物十分包容，对青年人的处事行为很少有看不惯的，有时甚至非常新潮。他现在已经是快70岁的人了，竟然是个十足的球迷。周末回家时，他常常与我聊一聊NBA的最新动态、中超的改革动态，把我这个埋头于俗务的儿子搞得一头雾水。

幸福的家庭是相似的，生活在其中的人们相濡以沫，其乐融融。我所生活的家庭使我从小没有在心里留下什么阴影。

由此我想到，美好人性的塑造，并不需要什么高超的教育手法。融洽的氛围，和谐的人际关系，成年人的善良、民主、宽容、仁爱，这一切，就是美好人性生长的最适宜的土壤。失去了它们，任何教育都将是徒劳的。

鼓励的效应

我的五年级是挺辉煌的一年。这一年，在我所有的作业本和考试卷上，竟然见不到一个红"×"。其实，并不是我的作业没有错误，而是我遇到了一位挺特别的老师。他对学生的作业随堂批改，遇到错误，就把你叫到跟前。当然，他并不告诉你什么，而是让你思考，直到你把题目做正确为止，然后在你的作业上打一个大大的"√"。五年级毕业的时候，正赶上邓小平复出，要求抓一抓教学质量，尽管所有的学生都可以直升初中，但当时还是组织了升学考试，我记得很清楚，语文和算术成绩，我都是全学区第一。这大概与我这位从不打"×"的老师有很大关系。

1974年我读高中，正是公社建立高中的时期，我就读的学校是我们本公社的袁家中学。

因为我是学校《教育革命战报》编辑组的成员，近水楼台，我不时把自己的

"大作""发表"在战报上。一个中午，我们几个同学正在学校大门外的桥头上闲聊，平日里不苟言笑的政治老师毛光瑞径直走到我面前，说："你就是李希贵呀？你的诗写得不错嘛。"我知道，他指的可能就是那首刚刚在战报上发表的《战斗的号角》，其中有几个句子我自己也挺满意的。接下来，毛老师又与我认真地讨论了诗歌的写法，最后说了好多鼓励的话。这些话让我一连兴奋了好几天，尤其是他那充满期望的眼神，更让我感受到了力量。

一个十五六岁的孩子，在成长的过程中，获得了别人的认同，尤其是来自师长的褒奖，会对一切都充满自信。一时间，我眼前的路似乎一下子宽阔起来、亮堂起来。我甚至梦想将来要做一个诗人，于是洋洋洒洒写了不少激情澎湃的诗歌。

我读高中时的校长是王守忠老师。

王校长是个极认真的人。当时正值"文化大革命"后期，学校常常要向县教育局交汇报材料。王校长欣赏我的文笔，竟然对我这个十五六岁的毛头小伙儿委以重任。学校几乎每周都有材料要写，王校长就干脆让我到他那间办公室兼宿舍的校长室里与他面对面办公，有时写到凌晨一两点钟，我们两个就睡在一张床上凑合一个晚上。和校长面对面办公，开始我有些诚惶诚恐，时间久了也就习惯了。与校长抵足而眠，睡前总要小大人似的与他严肃地讨论各种问题，那种长大成人的感觉让我年轻的心灵感到十分骄傲和快活！我越发注意自己的言谈举止，力求显得成熟稳重。

现在想来，当一个孩子感受到来自成人世界的充分尊重的时候，也就是他开始自我教育、自我完善的时候，也就是他自觉开启心智的时候。这样的成长才是人真正意义上的成长。

后来，我大学毕业，王校长亲自做媒，让他的堂妹变成了我的爱人。

连环画的魅力

　　我真正的学习生活是从阅读连环画开始的。

　　与同龄的农村伙伴相比，在那个不读书也无书可读的岁月里，很幸运的是我还有"书"可读。所谓"书"，其实是村里订阅的一些报刊。因为大伯、叔叔都是大队干部，所以我就拥有了更多的阅读"特权"。我记得读过的报纸有《参考消息》《大众日报》等。

　　或许是多读报纸的缘故，小学时我的语文成绩一直名列前茅。读五年级时，我到邻村小学就读，在那里，我遇到了韩世福老师。韩老师师范毕业。在当时的农村小学，正规师范出来的老师凤毛麟角，十分罕见，他因为所谓的"政治问题"被下放到农村。韩老师知识丰富，同学们都很崇拜他。他对我的作文喜爱有加，常常将之当作范文在班上朗读。爱文及人，遇到雨雪天气，韩老师就把我留在他家里吃饭——对一个孩子而言，能够被自己所崇拜的老师留在家里吃饭，这是最高的礼遇，也是我小学阶段最值得自豪的事情之一。我由此而格外地喜欢上语文课，在韩老师的课堂上也总是表现得分外自信。可见，一个孩子对一门课程的喜爱，有时并不是基于课程本身的什么价值，而很可能是因为一些常常被老师们忽略的十分微小的细节。当孩子从细微之处感受到了老师真诚的爱，当孩子同样爱上了自己的老师时，也就是孩子热爱这门学科、热爱学习的开始。

　　冬日的一个月夜，韩老师专程到我家家访，郑重地对我父亲说："希贵这孩子好学，你应当去县城里给他买点儿书看。"

　　在一个雪后的上午，向来敬重老师的父亲骑上自行车，带我专门到几十里之外的县城给我买书。

　　买回的书是一本连环画《奇袭白虎团》。

　　在路上我就读完了这本连环画。它让我知道，课本之外，还有更好看的东西。这才开始了我的课外阅读生活。

　　一到家，这本书就成了全村小伙伴们关注的中心，小伙伴们都瞪着羡慕的眼睛，跟在我的屁股后面，想看看这本书。

　　现在回想起来，薄薄的连环画本身其实并没有带给我多少东西，它出现在一个农村少年单调而贫乏的生活中，最重要的意义，就是把一个年轻生命潜在的探求新知的欲望，把一个少年阅读文字的兴趣，充分地点燃和释放出来了。可以说，阅读连环画，是我人生中真正学习生活的开始。

　　此后的日子里，我开始关注村里邻居家的书柜。我敢说，全村的书柜都被我翻遍了。由此我开始明白外面的世界，知道了还有理想、牺牲、英雄，还有奋斗、拼搏、坚忍；知道了如何面对挫折、怎样消除误解；懂得了地球是圆的、月亮是转的。我的目光开始从我温馨的家庭，从我闭塞的村庄，投向更广阔的世界，譬如越南的马蜂窝为什么那么多、古巴的甘蔗为什么那么甜、非洲的孩子们怎样上学……

　　那时与我关系最好的伙伴中有一个和我年龄相仿的表舅。他家离我们村七八里路，可我却很喜欢去串门。因为他有一个书柜，柜门是玻璃制的、带花纹的那种，轻轻拉开，里面就是一个神奇的世界。其实也就十几本书，而且没有封面，所以也就无从获得书名。读大学后，对照情节，才知道其中有《林海雪原》《烈火金刚》《野火春风斗古城》……那时，我时常把自己编到故事里，去领略杨子荣的神奇、肖飞的天马行空、金环银环的个性差异，和主人公们一起感受喜怒哀乐，一起提心吊胆。

　　其中有一本童话《木偶奇遇记》。

　　第一次读这本书时我已上初中，当时正值"文化大革命"，并不怎么学习。大一点儿的同学忙着写大字报，我和另外几个同学则忙着读那些没有封面的书。这本书就在其中。

　　第一次读的时候只是感到好玩。一个好玩的皮诺曹，每说一句谎话，鼻子就长出长长的一截。一旦逃学贪玩，就长出驴子的耳朵，变成世界上最蠢的动物。有意思！它用小伙伴们都喜欢的方式给我们讲故事，所以，书是一口气读完的。

　　后来回忆起来，大概这就算是教育吧。

　　到上大学的时候，正赶上改革开放，这本书刚好再版。我拿一本随便翻翻，发现主人公的名字已被翻译为皮诺乔，正是初中读过的那本《木偶奇遇记》，这才弄明白这本书的名字，于是毫不犹豫地花三毛二分钱买了一本。但这时候再来读竟有点儿读不下去，总感到写得荒诞不经、滑稽可笑，怎么也找不到少年时的感觉。莫非读书和年龄有关？我在心里留下了一个大大的问号。

　　后来当了老师，我才想通了这个道理：人的精神成长和生理发育是一样的，对"营养"的需求也是分阶段的。人在特定的年龄段就应该读特定的名家名作，一旦错过了这个阅读阶段，我们不但会失去阅读的欲望，而且也难以吸收特定成长阶段所需要的精神营养。在什么样的年龄段读什么样的书，这应当成为指导学生阅读的重要原则。

　　大学生活中除了教室，我去得最多的地方是图书馆。图书馆所有老师都是我的好朋友。星期天，他们经常提供方便，把我锁在图书馆中读书。一次，一位张老师忘记中途放我出来，我在里面待了整整一天，又饥又渴，无法上厕所，现在想来还有点儿心惊肉跳。

　　那时，像多数文学爱好者一样，我搜寻着所有可以找到的文学名著，急切地、贪婪地阅读。我恍若置身于另一个世界，时而忧郁，时而彷徨，时而沉思，时而昂扬……这种痴迷、全身心投入的大容量阅读，为我的精神世界储蓄了一笔丰厚的文化财富，随着岁月的流逝、年龄的增长，这笔财富不断地生息、增值，实实在在地滋养着我的心灵，影响着我的价值取向，为我的生命打上了浓厚的底色。毫无疑问，在此后的人生道路上，我仍将幸福地享用这笔财富的"利息"。

工地上的体验

高中毕业后，我到公社的建筑社当了会计。

虽然是"亦工亦农"，每月只有 26 元工资，而且一半要交给生产队记工分，只有 13 元归自己，但这样的工作在那时的农村也是人人羡慕的，并不是随便什么人都能得到的。建筑社的工人同我一样，都是"亦工亦农"。他们都是当地农民，穿着不知被汗水浸过多少遍、脏得几乎看不清颜色的工作服，蓬头垢面，每天在炎炎烈日下工作着。而且他们大都拖儿带女，收入又低，所以生活极为节俭。对他们来说，抽一盒当地烟厂出的 9 分钱的葵花牌香烟，都是一种奢侈。年少的我开始有点儿轻狂，自认为是高人一等的"脱产干部"了，又是高中毕业生，于是开始不屑于和他们混在一起。那时我有一间自己的办公室，工人们会不时地凑到这里来喝一杯白开水，抽上一袋烟，说上几句话……虽然我不说什么，但我知道，自己的脸色越来越明显地表现出了对他们的嫌弃和不欢迎。

建筑社张主任看出来了，意识到这是个问题。但他并不点破，只是要求我不记账时下工地和工人一起干活儿。推车、搬砖、和水泥、砌墙……高中毕业的我第一次真正体验到了什么叫苦和累。很可能是看到时机成熟了，有一天，张主任来到我身边，望着工地上正在大汗淋漓地干活儿的工人们，像是很不经意地对我说了几句："我们就是靠这些人吃饭的。没有他们，哪有我们；没有他们，要我们干什么！"

我永远忘不了这几句平平常常的话语带给我的震撼。

当天晚上，我怀着愧疚的心情记下了这段经历，并特意用粗黑的笔记下了张主任的这几句话。现在回想起来，没有多少文化的张主任对我所做的不就是一种体验教育吗？在我对艰苦的体力劳动有了切身的感悟之后，那寥寥数语的点拨如醍醐灌顶，令我终生难忘。如果他仅仅是把我教训一顿，换来的可能只是我内心的抵触和不满。

后来，我做了校长，能够在各种不同境遇下始终坚持以教学为中心，把教师当作学校的主人，与这一经历有很大关系。

在建筑社当会计的那几年，我还有一个重要收获，就是学会了数学思维，有了成本意识和核算意识。当会计每天都要和数字打交道，一立方525块砖，砂浆的水泥、沙子配比，各种型号的水泥价格等，都要烂熟于心，做账时丝毫马虎不得，这逐渐形成了我的数字观念。做工程要核算成本，而成本都是用数字计算出来的，其中来不得半点儿虚假，绝不能用"大概"、"估计"、"差不多"这类模糊语言说话。核算成本意味着不管做什么，都不能只讲产出不讲投入；意味着不管干什么，都要最大限度地降低成本、增加效益。这一切都让我终身受益。尽管后来大学时学了中文，和数字之类似乎是两极，但我仍然没有抛弃数学思维。而且对我来说，数学思维和形象思维一直是相得益彰的。

由此可见，智能的发展从本质上讲没有所谓文、理之分，只要亲自参与了实践，只要切实经历了获取知识的过程，由此而获得的"营养"——无论文、理——对年轻生命的健康发展，都是十分必要、十分有益的。

亦师亦友

20世纪70年代中后期，文学报刊的订阅还是受限制的。因为在公社建筑社做会计，手中有一点儿小权力，我订阅了复刊后的几份文学报刊：《人民文学》《小说月报》《文艺报》。没有料到，这几份报刊给我引来了好多志同道合的朋友。

那时候，《人民文学》全公社只给了一份名额。在公社机关所在的那个小镇上，我是《人民文学》的唯一订户，这竟然成了一个新闻。有心的读书人循着

我和良师益友

邮局的订单，找到了我们建筑社，于是，我认识了一个又一个真心喜欢读书的好朋友。

　　没有任何仪式，也没有什么特别的约定，我们自发地组成了一个读书小"社团"。在我那间低矮的屋子里，我们几乎每周都要聚会：交换各自拥有的书刊，谈谈阅读体会，评点文学人物……讨论热烈时人人争相插话，有时竟会为一个问题争得面红耳赤，闹得"不欢而散"。但下一周，大家又不约而同地聚在了一起。

　　现在想想，一群挚爱读书、满腔热情的年轻人，一群心地单纯、有着共同的爱好和价值追求的年轻人，不求功利，走到一起，互相激发，互相启迪，互相点燃，这对于这个群体中每一个人的成长是多么有益呀！不知有多少次，我们倾心交谈到深夜，走出热腾腾的小屋，走到田野里。万籁俱寂，月色皎洁，我们忽然沉静下来，几个人默默地走在乡间小路上，分享着大自然的安宁，感受着彼此的友谊……

那种情景，至今仍清晰地留在我的脑海里。

在这一群书友中，有几个与我同龄的青年人：胸怀大度而又满腹韬略的吴兆兴、恪守本分而又坚忍不拔的石寿江、随和平易而又不甘平庸的杨守森。书把我们联系在一起，又把我们带到另一个新的境界。杨守森后来考入师范大学，成为师范大学最年轻的讲师、最年轻的副教授、最年轻的教授，现在已经成为博士生导师；吴兆兴后来成为公路建设的行家里手；石寿江则成了一位颇有建树的金融专家。

青年时期的朋友群体至关重要。在贫乏的物质生活面前，这是一笔宝贵的精神财富。大家相聚在一起，有共同的爱好和追求支撑着，虽然个性不同，但却自然而然地学会了彼此包容，学会了互相欣赏，学会了和谐相处。每个朋友都是镜子，每个朋友都是老师，相处的过程就是共同成长的过程。

对一个年轻的生命来说，这不就是最好、最自然的教育吗？

除了朋友，给青年时期的我带来深刻影响的还有两位长者。他们就是韩金绶、李储恩。他们与我的关系介乎师友之间。

韩金绶长我 23 岁，是标准的父辈人，时任公社文教组的普教辅导员。韩老师虽身在基层，但从不迷信权威，思维的触角总是喜欢向教育的前沿领域延伸，不管干什么都充满自信。他说得最多的一句话是"不信这事就没有办法"。的确，无论遇到什么棘手的问题，他总能想出点子，哪怕绕几个圈子，也会把事情处理得停停当当。他豁达开朗，脸上总是洋溢着笑意，尤其喜爱与青年人交朋友，年既长而未改。

我上大学时，韩老师专程来给我送行，并赠给我一套崭新的《红楼梦》，这在当时是极贵重的礼品。

我在高密四中、一中初任校长时，学校都不同程度地处在低谷。每逢困境时，我就想起韩老师那句话——"不信这事就没有办法"，心里顿觉释然。

我与李储恩先生相识也是在 20 世纪 70 年代末期，当时他是公社信用社的副主任。

一个雾蒙蒙的傍晚，他在邮递员的引导下走进我住的小院。这是我们第一次见面。原来，他从邮局的报刊分发单上查到，我是全公社《人民文学》的唯一订户，而他对这个刚刚复刊的杂志也心仪已久。于是，由于《人民文学》的原因，我们每个月至少有一次接触。对我这样一个刚刚走出校门的青年人来说，这样的接触是很荣耀的事。到今天想起来，则应当说是十分幸运的了。

李储恩先生是一个极有思想的人，但和他在一起时，他并没有很多话，很多时候他是在听别人讲，听比他年轻、比他阅历浅的人谈，但到节骨眼儿上他点拨上一两句，就足够你思考半天，某些话则可能成为你人生的航标。记得我刚刚升入大学那年，出于多少年来对知识的饥渴，表现出对古文典籍激进式的热情，而有点儿小视对社会的思考和对现实的探求，在他面前由于长期习惯于无拘无束地乱侃，难免话多有失，这自然瞒不过他的眼睛。他没有吭声。过了几天，恰逢春节，他让儿子给我送来一副春联，是从《红楼梦》里选来的——"世事洞明皆学问，人情练达即文章"。他就是这样春风化雨般地影响着你，甚至让你自己都不易察觉。而人前人后，从他嘴里听到的则往往是赞扬别人的话，这些赞扬真诚质朴，发乎心底。他喜欢用"了不起"和"不简单"鼓励青年人，而青年人从这样一位在当地有影响的真正"了不起"、"不简单"的长者嘴里得到鼓励，很容易感受到特有的分量，这份鼓励自然而然地就转化成了动力。于是，几年、十几年、二十几年以后，他的话时时应验。原来围在他身边转的青年人，真还一个个走向潍坊，冲向省城，有的甚至已经在京城里搞得红红火火。开始，我总以为是《人民文学》《小说月报》的原因，使他身边围满了青年朋友，时间长了才悟出一点儿味儿来：在很大程度上，青年人是被他的人格力量所折服，尤其喜爱他那宽广的胸襟和与人为善的处世哲学。

其实，一个人在成长过程中除了受同龄伙伴的影响之外，一定要有那么一两位亦师亦友的长者，用他们的人格、用他们的人生智慧、用他们宽阔的胸襟、用他们那种对后生真诚的欣赏和尊重，来引领自己开始漫漫的人生之旅。对一个成长中的生命来说，这无疑也是十分重要的。

第1章

乡村中学

回想走过的路，我至今难以忘怀高密四中。位于山东省高密县双羊镇的那所乡村中学，是我教育生涯的第一个驿站。在这里，我从一个语文教师干起，开始了对教育的实践与感悟，奠定了我教育理想的底色，我越来越清楚的是，教育的本质是解放人，包括人的智力和心灵、思维和情感，而不是束缚人、压抑人、限制人。

1 / 教育，从平等开始

教师完全可以道歉

1980 年 12 月，大学毕业的第二天，我来到了坐落在潍河东岸双羊镇的山东省高密县第四中学，开始了我的教学生涯。

这是一所只有 9 个教学班的农村高级中学，招收的学生大多是农民子弟，学校在当地以吃苦耐劳声名远扬，"严格、严肃、严谨"的"三严"精神，是学校引以为豪的传统。

报到的时候，正是县里召开高考表彰会议的前夕，四中被指名在会上介绍经验，典型材料还没有写好。校领导一见来了个中文系毕业的大学生，二话没说，就把写材料的任务压给了我。这下可难坏了我，不要说总结高考经验，就是让我谈谈教学常规也不见得在行，再加上人生地疏，对情况不熟悉，这经验可怎么总结？可能当时我的脸色挺难看，领导一个劲儿地安慰我说，不要紧，材料的框架县里都给定好了，就是三大块——管理要严格、教育要严肃、教学要严谨，只要把握了这个大路子，就没什么大问题。没有退路，我只好把能够搜罗到的关于四中的文字材料全部搬到我的宿舍，然后仔仔细细地阅读、体会。拼了几天，算是完成了任务。

到县里送材料交差很顺利。据说原因就是"思路对头","三严"精神把握得很到位。后来才知道，写作的过程其实就是对我进行教育的过程。我是这所学校恢复高考后分配来的第一名大学生，学校怕我吃不透校情，思想不到位，所以让我写总结材料。这既可以让我了解学校，同时也可以大概了解一下我的情况，起码是文字方面的水平。

这个过程，事实上对我产生了深刻的影响。教育是什么？教师应该怎样做？教学又是怎么回事？从那几天的深入阅读中，我得出了第一印象，而这"第一印象"一直作为我教学的底色，深深地影响了我好多年。

可见，教育无痕，有效的教育是把教育目的隐藏起来的教育，是不动声色的教育。

我开始为自己找一些"道具"，做一些伪装，力图把自己装扮得"厉害"一些。因为好多迹象告诉我，在这样一个校园里，厉害，其实就是优秀的代名词。

于是，在教室里、学生宿舍里、运动场上，甚至在学生食堂里，我必须时刻保持着厉害的模样——严肃、冷峻、不苟言笑。

可是，时间长了，我渐渐发现学生并不买账。

一个星期天傍晚，上晚自习了，可班里的团支书和另外几个女生没来上课。团支书是我心目中的好学生，各个方面在班里都堪称楷模，今天竟然也旷课了，是不是叫老师们给宠坏了？我很生气，等在教室门前，想来个守株待兔。果然，不一会儿，几个女生急匆匆地从校门口跑过来。我劈头盖脸就是一阵急风暴雨似的批评，她们几个包括团支书都站在教室门前哭了。

下晚自习了，团支书和一位女生走进我的办公室。她们两个的眼睛还有些红肿，站在办公桌对面，显得特别镇静。原来，她们是为了送同宿舍的一位同学到医院看急诊才迟到的。当她们把病号安顿好，满心快慰地赶回学校时，满以为能得到老师的肯定，没想到老师连解释的机会都不给……

我一下子蒙了。面对两位可爱的学生，我好长时间无言以对。她们两个也把头埋在胸前。我实在想不出什么恰当的语言，最后，只好鼓起勇气说："看来还是老师错了，真是对不起你们了……"

她们像是被蜇了一样，不知所措，想说些什么，可什么也说不出。到最后，团支书说了一句叫我印象深刻的话："老师，您可不能说对不起，再怎么说，错误也是我们当学生的。"

真奇怪，她们越是这样，我反而越是内疚。我把她们让到对面的椅子上坐下，向她们认真地检讨起来，一直到她们那惊奇的眼神变得兴奋，像同行一样和我交流起来。

和学生平等地坐下交流，才知道她们并不是小孩子。其实，她们有好多想法，甚至不乏真知灼见。那个晚上，我们谈了好多好多，聊到很晚。我开始重新认识自己，重新认识学生。原来，教师完全可以道歉，教育完全可以在师生平起平坐的状态下进行，除了"三严"精神之外，道歉还有这么大的威力。

我开始思索，究竟什么样的师生关系才是有助于教育成功、有助于学生发展的师生关系，教育活动究竟应当建立在什么样的人际关系框架里才是真正高效和有活力的，教师的民主意识对于学生的情感、态度、价值观的形成有哪些益处。

学生不需要假分数

1982 年夏天，我教的第一届学生毕业。

毕业典礼和班级师生茶话会上，向来被老师们看好的程联等几位"好学生"却不见了，班上的同学谁也不知道他们的去向。

程联是刚刚评上的省级优秀学生，按照当时的政策，高考时可以加 20 分。

全校仅有两个"省优"指标，一个能落到他头上，是因为他是高考"边缘生"。仅靠分数硬碰硬，他肯定上不了录取线，加上这20分，为学校增加一个本科名额，那是十拿九稳的。按说，这样的学生本应在茶话会上对老师和学校"感恩戴德"才对，关键时候怎么会不见了？

原来，他们几个早就烦透了学校，躲到校外野地里喝啤酒去了。一直喝得酩酊大醉，然后把所有的课本，甚至把刚刚发下来的毕业证书，全都抛撒到操场上烧了。最后，他们几个竟然头拱在地上号啕大哭。

听到哭喊声，我在操场上找到了他们。看到他们那狼狈相，我气不打一处来，大步赶上去。我的喊叫可能有点儿怕人，一下子让他们几个惊呆了。我知道自己有些失态，缓了缓语气说："你们这算干什么！老师、同学都在等着，你们可倒自在！"我又盯着程联说："连你也这么不像话，你对得起学校吗？"

这句话可能真的刺激了程联，他一下子跳起来，大声喊着："老师，我不要这20分！我不会给你们涂脂抹粉了。考不上大学，我也不要这假分数！我知道，这分数应该是吴鸣的。你们必须改过来！"

他说的一点儿都没错，这个"省级优秀学生"真应该是吴鸣的。他不仅品学兼优，而且还因为见义勇为受过轻伤。但吴鸣太出色了，不用任何加分，考入名牌大学都绰绰有余，所以领导斟酌再三，还是忍痛割爱，把"省优"送给了程联。

程联似乎还没有消气，继续发泄着，而且越说越激动："什么老师？什么校长？全是为了名利！我不给你们干了……"

虽然是醉话，但我还是第一次听到这样刺激的叙说。

我们真该反思了，也许你并没有把学生看透，可他们却把你给看透了。我这才知道学生渴望的不是偏爱，而是公平、公正；得到不应该得到的，会给他留下永远不能消除的阴影，甚至可能使他在他的同学中永远都抬不起头来。

我们没有想到的，学生却已经体验到了。

还有比抓小偷儿更重要的事情

1983 年，春季开学不久，我们班小玄的外公从海外归来，带给她一款新颖别致的小坤表。一时间，这事甚至成为全校的新闻——要知道，在 20 世纪 80 年代初期的中国，一块今天看来极为普通的手表，却是一个人身份的象征。小玄把亮晶晶的小表戴在手腕上，走在校园里格外神气。可谁知道，没过一个星期，手表就不翼而飞。

为了找手表，有两天的时间我几乎啥也没干，想了不少办法，但最终还是毫无线索。

到了第三天，事情有了转机。我正在办公室备课，班委中的几位女干部气喘吁吁地跑进来，她们半是兴奋半是紧张地告诉我，小玄丢表的事有眉目了。

小玄的新手表失踪后，她们几个班干部就感到蹊跷，再加上平时的观察、了解，就把目标悄悄地锁定在与小玄同宿舍的小兰身上。趁着上体育课宿舍里没人，她们几个到小兰的宿舍里翻箱倒柜，终于从小兰的那个木头箱子里听到了嘀嘀嗒嗒的手表声。

怎么办？

有的说，小兰自己从来没有手表，箱子里的表肯定是小玄的，把箱子撬开，肯定冤枉不了她；有的说，把小兰叫到办公室，先审她一下，看她承认不承认。最后，大家一致决定，把小兰叫到宿舍，让她当着大家的面把箱子打开，一是不至于把箱子的锁撬坏了，二是捉贼要留证据。

我到现在也没法儿忘记那天小兰在现场的脸色，从黄到红，又从红到白，她被突如其来的行动吓蒙了。她当然说不出任何可以解释的理由，只是嗫嚅着，谁也不敢正视，到后来，趴到床上哭了……

接下来的事情比我想象的要严重得多。当天下午，小兰就再也找不到了，她没有回家，我们费了好大劲儿才在邻村她姨妈家里找到了她。

过了一个多月，她的姨家表哥帮她把行李用自行车驮回家。收拾铺盖的当儿，表哥长吁短叹地说，早知如此，他该把自己的手表送给她。从春节开始，小兰就为买手表的事和父母闹过别扭；但家里实在太穷了，供她上学已经下了很大的决心，哪有钱给她买手表？

小兰再也没有回来过。

后来，毕业了，我们搞过几次聚会，小兰却一直没有参加过。有学生说，在集市上曾遇到过她，她在卖胡椒面，见了老同学的面头一低就过去了，像是要说话，又像是要躲避。

从心里说，我希望的不是这样一个结果。我想教育出一个诚实的小兰，但却没有成功。慢慢地我明白了，教育与管制不同，教育的成功绝不是抓出一个小偷儿，它还有比抓小偷儿更重要的事情，那就是用情感改变一个孩子的心灵……

遗憾的是，到今天，小兰再也没有与我联系过。

这是我教育生涯中永难忘记的一次失败。

2 / 把学习的权利还给学生

辅导不了的语文

1980 年年底，我到四中报到的时候，离放寒假只有十几天了，校领导没有给我安排教学任务，而是要我给一位教毕业班的教师当助教，批改作业，辅导学生，重点抓一抓学生自习。

当时正是学期将要结束的时候，学生刚刚学过的课文是文天祥的《指南录后序》，我自信在大学里学得不错，所以，并没有认真备课就走进了晚自习的教室。不承想，一节 40 分钟的自习课竟把我弄出一身汗来。

刚走进教室，前排的一位女孩儿就站了起来。我赶紧让她坐下。她提的问题倒是挺简单："'间'，除了课文中的，还有哪些用法？"我给她举了几个例子，都是常见文章中的。她很满意，会心地点头。末了，又问："在这些用法当中，最重要的用法是哪一种？"我告诉她，不能分重要不重要，只能说它们之间有常用和不常用之分。我给她讲了一些常用的句子，她有些惘然，小心翼翼地问了一句："老师，能不能把它们常用的顺序给我排一排？"尽管不太好排，但见她那有些执着的眼神，我还是试着给她排了个顺序。

等我走到教室后排的时候，站起了一位大块头，后来我才知道，他是这个班的体育委员，数理化特别棒，被同学们奉为"数学大王"。他的问题一个连一个，我想让他坐下，以减轻给我带来的压力，可他却特别"讲究"，就是不肯坐。我记得很清楚，其中一个问题真是怪怪的，可你又不能说不是一个问题。他的问题是："文章第四段也是文章的重点段，开头用了一个'呜呼'，而结尾处又用了一个'呜呼'，两个'呜呼'孰轻孰重？"其实，这个问题我还真没思考过。但我还是从内容上、感情上帮他分析了两个"呜呼"的区别——各有哪些侧重、各有什么不同。见他始终不解，我又进一步展开，把文天祥的身世、经历甚至其他作品的情况向他做了较为详细的介绍。可是，他的眉头并没有解开，原来，他关心的不是这些。他最后见我"不开窍"，只好向我交了底："老师，如果以'呜呼'出一个题目，问我们哪一个'呜呼'感情更强烈、感情更重，怎么回答能得满分？你只告诉我这个就行了。别的我不想知道，讲多了我反而记不住。"

我这才明白过来，原来，他是因为做题、因为考试才学语文的。不愧是"数学大王"，提的问题也充满了数学气息。我好长时间竟然说不出什么，用数学的方法学习语文，你说，他错了吗？可我们的考试就是这样考的。你说，他对了吗？如果语文这样学下去，到底能走到哪里？

1982 年高考，我被派到五莲县监考。第一场考的是语文，当拆开试题袋、摊开试卷的一刹那，我几乎呆住了。白纸黑字，作文题目正是我们班半个月前刚刚训练过的，就是范仲淹的那个千古名句——"先天下之忧而忧，后天下之乐而乐"。

此时，我无法估量我的学生在考场上的兴奋，但我可以预想到他们的作文成绩，我期待着他们的成功。

我和学生一直兴奋地等待着高考成绩公布，没想到，成绩并不像我们想象的那样好。

一盆冷水浇得我清醒了许多。

我开始思考语文学习的规律。长期以来，用数理化的教学方式来进行语文教学，已经严重违背了语文学习的规律。训练代替不了积累，没有大量的诵读、涵泳、感悟和体验，语文水平便不可能提高。

我开始回忆自己学习语文的过程，从小学到大学，一路下来，读书、感悟而已。老师讲了些什么，我真的记不得了，但读了什么书，在头脑中却非常真切！我无意否认教师的作用，但是，要我说实话，我只能说，我的语文水平全是靠课外的阅读。

想来想去，还是从读书开始吧。

从"地下图书馆"到"每天10分钟"

刚毕业的几年，我住单身宿舍，床铺底下满满的都是书。为了使床下能放下更多的书，我只好用砖头垫高了床腿。一些被枯燥的学校生活煎熬的学生便盯上了我的床底。于是，我开始把我喜欢学生也喜欢的书借给那些"盯上了我的床底"的学生。因为高考的原因，学校图书馆是不向学生开放的。学生们互相转告，很快，我的宿舍变得热闹起来……

我记得那时小娅很有些诗人气质，他把我收藏的诗歌与散文集读了个遍。还有那个陈其，有事没事就去找他那位与我同宿舍的班主任。一进宿舍，眼睛就瞄上了我那床底。他很喜欢小说，但在那时读小说是"大逆不道"的。他点子倒是蛮多，说是替他表哥借一下，看完马上送还。

结果，非常不幸的是，连续两次，教导处的老师在自习课上抓到学生读课外书，书上都写有我的名字，源头都在我这里。于是，校领导找我谈话了。他们明确地告诉我，这样下去，会影响高考。学生忙着读与高考无关的"闲书"，考不上大学谁负责？

愉快的时光

我当然负不起这个责任，于是"地下图书馆"只好暂停"营业"。

这样一来，学生们不答应了。而且，我也开始感受到了阅读给学生带来的语文水平的提高。但是，人微言轻，我没有办法说服别人。

后来，我想了一个办法，把地下阅读转向公开，把阅读的剂量变得小一点儿，把阅读的内容编排得科学一些。这就是后来的"每天10分钟"课外阅读活动。

首先是教师和学生共同搜集可供阅读的材料，归类整理，加上阅读提示，打印后，每天定时发到学生手里。因为每个材料占用的阅读、思考时间在10分钟左右，所以我们就将之命名为"每天10分钟"课外阅读活动。

从材料的类别来看，一是配合新授课，帮助学生解决教材中重点、难点的；二是帮助学生对一些成语、典故加深理解的；三是为学生课外阅读引路的，选取体裁、题材不同的材料，分别加上阅读要求，使学生明确阅读不同类别文章需要做哪些工作；四是对课文内容归纳整理的。

星期天、节假日不发放"每天10分钟"材料，而改为由学生搜集、提供"每天10分钟"的材料，有价值的打印并署上搜集者姓名，以示鼓励。

当然，材料内容一定要简明扼要，防止要求过高、过繁，使学生有负担，产生厌学情绪。再一个就是制度化。切忌不定时发放，即使每天都发，也要严格规定每天发放的时间，使学生的阅读形成规律。三是抓检查落实，每份材料都必须采取不同形式落实好，谨防积压成灾。

这项活动进行了好多年，给学生留下了深刻的印象。20年后，我的一些老学生经常在他们的谈话中流露出对"每天10分钟"的记忆：老师，你在"每天10分钟"中说过，"少年得志大不幸"；老师，你在……

我说："不是我说的，是古人说的。"学生们说："我们不管，反正我们只记住了那个'每天10分钟'！"

教育有时就是这样奇怪：我们耗尽心血和时间经营的——例如课堂教学中老师苦心孤诣的讲解、辅导——很快就会被孩子们忘掉，而我们无意中播下的种子，却在孩子们生命的原野里长成了一棵大树，让他们终身受益。每一位善于思考的老师，都应当反思自己的教育生活：我们究竟该怎样把这种"有意的"教育和"无意的"教育结合起来？

让学生当一当老师

"每天10分钟"活动给我的教学带来了自信，学生们参与语文学习的积极性高涨起来。这时候，我已经有了许多从学习生活转向教书生涯的感悟。我深深地体验到，对学生来说，教一遍可能比学十遍更加有益。我开始尝试让学生当一当老师。于是，我从让学生代替我命考试题目开始了这一探索。学生们一下子兴奋起来，他们真正把语文课当成自己的自留地了。

后来，我逐步让学生参与语文教与学的全过程，从备课、讲课、疑难问题解答到命题考试、讲评，全由学生自己"演戏"。我们在班里成立了一些特别的学生组织，如文言实词部、文言虚词部、文学常识部、古典戏剧部等，每个部都由一部分学生组成。负责本部分知识的学生不仅要认真钻研，还承担着解答同学疑难问题的任务。

知识点承包下去后，我再根据语文学习多环节的特点做了程序安排：首先发动学生认真自学并填写知识点表格，然后以学习小组或学生工作委员会各部为单位，针对一课或一个单元进行问题处理；接下来让学生在掌握课本基础知识、把握教材重点难点的基础上编选测试题目，并进行自我测试，然后查漏补缺；最后由老师进行总结性的检查考试。这样让学生人人参与，各负其责，整个教学过程环环相扣、一丝不苟、井然有序地进行下去，教学效果自然是可想而知的。

年底考试，我那看上去有些乱糟糟的班，语文成绩却非常好！

改革开放之初的包产到户极大地调动了中国农民的积极性，改变了中国农村贫穷的面貌；而我在语文课堂上试验的"包产到户"，同样解决了学生学习语文的积极性问题。由此看来，一切教育都应当从激发学生内在的学习动力入手。

没有老师的语文课

1991 年，高密四中高一扩大规模，因种种原因，新扩出的两个班暂时没有语文老师。

实在没办法，我们只好让其他班的老师共同帮这两个班的学生拟定自修计划，然后让他们自修。自学课文太枯燥了，老师就把他们带到阅览室读书。有时候阅览室忙不过来，就把图书馆的书借来，分到学生手上，让他们轮流阅读。

我们发现，这样上语文课学生反而非常喜欢。过去，我们召开学生座谈会，听到最多的常常是大家对语文教学的意见。这下倒好了，没有了语文老师，意见也没了。

但是，从学校领导到语文老师，大家还是捏着一把汗，担心一旦教学成绩差得太多，难以向学生家长交代。接近一个学期，一直就这样"凑合"着。等老师调配来了，这个学期也快结束了。谁知道，期末考试成绩却叫我们大跌眼镜——这两个无人上课的班级不仅基础知识部分不比平行班差，而且阅读和作文的成绩比平行班还略胜一筹！

这个成绩让语文老师非常尴尬。

我们开始反思我们的语文教学。教师在课堂上到底有多大作用？语文到底是怎么学会的？事过十几年，到今天我们在全市小学推进"攀登英语"实验，课题主持人的几句话又让我想起了当初的尴尬。这位主持人说："我们的英语教学实验之所以能够成功，一个重要的原因就是我们用非英语教师来教英语。因为这些教师不懂英语，他们不会说，也不会读，只好尽可能地创造条件让学生说，让学生读，学生的主体地位自然能够得到真正的落实。"

说得多么风趣，又多么深刻！

今天再来想一想那两个班的语文课，不正是因为没有了教师"口若悬河"的分析、讲解，没有了教师填鸭似的机械训练，才有了学生自主学习的空间吗？

就像幼儿学走路，的确需要扶持，但绝不能一味地扶持，孩子真正学会行走和奔跑，都是在大人松开扶持的双手以后。

叶圣陶先生的话更是给了我们勇气，他说，在中学里，教师也应该逐步少讲，逐步放手让学生自己去学，到中学毕业的时候，学生如果完全可以自己学了，那才算真的毕业。

于是，老师们从这里开始了语文教改的探索。

"ACT语文教改实验"

1992年春节之后，我想在语文教学上动一点儿大的"手术"，于是找来了语文组的骨干教师"会诊"。

在讨论的过程中，一位女教师的谈话引起了大家的注意。她爱人是我们学校的数学教师，她举了与爱人用不同方法记大门钥匙的例子，来说明语文思维与数学思维的差异。她一直是根据钥匙的形状来判断哪一把钥匙是大门钥匙，而她爱人则是根据钥匙距离钥匙串上刀子的位置来判断的。

这个小故事使大家产生了强烈的共鸣。

讨论了一个星期，教改的方案基本定了下来，主旨就是放权利、放时间。

放权利就是把补充课外学习材料的选择权交给学生，让学生根据自己的基础，自由选择不同的阅读材料，这时候我们还没敢提出让学生根据自己的爱好去选择不同的材料。放时间就是每堂课要给学生留出一半以上时间自主学习，教师要用不到一半的课堂教学时间完成全部教学任务。

为了使这项改革旗帜鲜明一些，我还与英语教师一起，给这项实验起了一个名字，叫"ACT语文教改实验"，意思是让学生主动、积极、自主地学习。这个名字受到了好多人的非议，普遍的理由是说它标新立异。不错，这个名字就是为了标新立异，就是为了引起人们注意，就是要告诉实验教师：不能再用传统的方法教语文了，学生不能再用过去的方法学习语文了。如此而已！

实验并不像我想象的那样顺利，原因还是在于教师的观念。你要他放时间，他讲着讲着时间就过了，一堂课讲45分钟早就习惯了；你要他放权利，他感觉本来就没有什么权利可以放，再说，学生又会用什么权利？

我记得每一次开调度会时，有一位老教师总是若有所思，沉默寡言。问他几句，他的回答叫你哭笑不得："我又'复辟'啦！"他一共"复辟"了三次，三个月的时间，他还是找不到改革的感觉。

教改真难，语文教改似乎格外难！

3 / 管理，应当从提倡什么切入

"你到底还允许我们干什么？"

1985 年秋季，我被任命为高密四中副教导主任，分管学生管理工作。

那时的高中校园，处处弥漫着高考的硝烟，人们似乎以把学校办成"文明监狱"而自豪。在这样一个背景下，我开始了学校管理工作的探索。

从管理一个班五六十名学生，到管理一所学校的七八百名学生，我一下子感到手足无措，总感到满眼都是问题，满眼都是该管的事情。

学校有许多规章制度，但针对学生的条款大多是以"不准"和"禁止"开头的。我需要做的事情实在是太多了，课间不准学生打乒乓球要耗费好大精力；晚自习课间不准学生到教师会议室窗外偷看电视，所以必须随时盯紧学生；遇到学校所在的集镇放露天电影时，又成了我和班主任老师们全员上阵"关、堵、卡"的日子。所以，早晨 5:30 起床站到操场上，晚上 11:30 熄灯离开办公室，尽管精力充沛，浑身有使不完的劲儿，但我还是忙得焦头烂额、穷于应付。

一个周末，高三年级有四名学生偷偷地爬墙出去，到学校南邻的粮管所打乒乓球，刚好被到粮管所买粮的我发现了。

我很生气，心想，他们都快毕业了，还管不住自己。回到学校，我立即会同班主任去找这四个学生。可他们早就离开了粮管所，不见踪影了。

因为他们也已经知道我发现了他们，悄悄跑到校外的一个铁木厂里商量对策。

一直到吃过晚饭，快要上自习课了，还是不见他们的人影。我越想越气，就漫无目的地在校园里转。

不一会儿，北门口出现了一个诡秘的身影，一闪又缩了回去。我知道，这是他们的侦察先遣队。我心里更是来气：知道错了，还不负荆请罪！看我怎么给你个罪加一等。

正在这时，从西墙上腾地跳下一个人，我一看，正是他们一伙的。我情不自禁地蹦出了一句"给我站住"，就快步赶到西墙下。这时候，我听到墙外"哎哟"大叫了一声，就没声息了。

我想那几个学生可能跑了，还是先"收拾"这个代表吧。我不记得是用了什么难听的话来训斥了，只是在我的声调越来越高的当儿，墙外突然响起了一句："老师，除了学习，你到底还允许我们干什么？"

这一声，对于当时的我真有振聋发聩的效果。

我下意识地停了下来：是啊，除了学习，这些处在青春花季、精力旺盛的青少年到底还可以做什么呢？

一时间我无言以对。

我让那几个学生先回宿舍，自己在夜色深沉的校园里徘徊了很久……

从那时起，我开始审视我们那些以"不准"和"禁止"为主要内容的管理规章，我对学生管理的那份"自信"开始动摇了。

后来，我开始留心改变自己，改变"不准"和"禁止"，注意从"提倡"什么切入。

为了挖掘教学时间的潜力，我们立足于质量提高，制定了学生规范，把对学生的要求转化为学生自身的需要。午休、晚上熄灯的铃声响起时，我们的规范不再是"不许说话"，而是变成"五分钟古诗词名句回忆"；食堂开饭八分钟排队时间，规范也不再是"不许插队说笑"，而是"一日英语单词默诵时间"。这些时间每个学生都有，一旦把学校的要求转变为学生自身的需要，甚至让学生形成一种习惯，平常不起眼儿的零碎时间就会产生巨大的质量效益。

作为管理者，我们通常最关注的是制定各种"规定"和严格贯彻这些"规定"，却常常忽略了应该如何把这些"规定"转化为学生的自觉行为，进而让他们形成习惯。实际上，只有当规定演化为学生自觉的习惯时，教育管理才能达到它应该达到的最高境界。当然，毫无疑问，这也是学生自我教育、自我完善的开始。

"我们真的是闹着玩的"

高二教室前面长着十几棵枝繁叶茂的核桃树，它们正处在盛果期，每年夏天，树枝上都是硕果累累。这既是学校的自豪，又是学校的心病。

自豪的是，一说到学校悠久的历史，自然就以核桃树为佐证，怎么说都不过分。可要说起核桃树每年的收获，那可真是羞于启齿了，因为核桃树年年果实累累，果子却年年无影无踪，全在学生们的注视下不翼而飞。

我当副教导主任后，老校长专门就核桃树的事叮咛了一番。因为在他看来，这不是几个果子的问题，它诠释着学校的校风。

一天中午，高二（2）班的体育委员刘振宇玩了个"戏法"，他只不过从教室里隔窗掷出一块石头，核桃就"噼里啪啦"落了一大片，真不愧为著名的"三铁"冠军。也巧，刚好我们的副校长从树下经过，顺藤摸瓜，抓住了"作案者"。刘振宇被副校长带到教导处，坐在我对面的桌子上写检查，挖思想根源。

我见他半天不动笔，脸上全然没有"狠斗'私'字一闪念"的意思，就很严肃地与他交了底："写不出检查，学校是不会让你轻易过关的。"这话倒挺奏效，刘振宇很快就交上了一张字写得很大的检查，但全篇没有一句深刻的检讨，说来说去，只是"打着玩"罢了。

这张检讨书让我们很生气。大家一致决定"杀一儆百"，让刘振宇在全校大会上做检讨。

检讨大会开得有些失败，因为刘振宇检讨的声音被近千名学生的哄闹声淹没了。而且，十分钟的检讨，就有五次集体鼓倒掌起哄。看来，有时候"杀一"并不能"儆百"。

后来，一位体育教师悄悄地告诉我，其实，刘振宇是一位挺好的学生，他品学兼优，体育成绩尤其好，打核桃的事虽不能说是"闹着玩的"，但肯定不是品质问题，让他到全校大会上做检讨，是不是有些太过分、太伤他的自尊了？

事过境迁，二十多年过去了，那个打核桃的刘振宇当上了一个乡镇的党委书记。有一天见了我，他半开玩笑半认真地说："老师，打核桃的事，我们真的是闹着玩的。因为他们几个不服气我的枪法，跟我打赌，我想挣四两白馒头吃。"

虽然事情已经过去了二十多年，但这话还是给了我很大的触动。

他们真的是闹着玩的，但我们的教师却总不肯跟孩子们"闹着玩"，我们有时实在是太"认真"了！我们总是把孩子视为成人，站在成人的立场上审视孩子类似"闹着玩"的错误，结果就是"上纲上线"，就是道德品质的大是大非问题。其实，学生成长道路上的错误，就像学习走路的幼儿跌跟头，绝大部分和道德品质并没有多大关系。

认识到这一点，我们才能给予孩子一份成长过程中特别需要的宽容。

"校长逝世文艺晚会"

组织过学校运动会的人都知道，组织比赛容易，但对学生观众席的管理实在是太难了。

一场运动会，上场的学生不过百里挑一，绝大部分学生则坐在观众席上跟我们这些当老师的"过不去"。特别是到径赛的时候，观众席上根本就是乱七八糟，学生们喊号子、吹口哨、打小旗，有的甚至还模仿球迷的样子，连衬衣都脱下来当旗帜，在空中瞎摇晃。

1987 年 9 月，我开始担任高密四中副校长。这一年的秋季运动会，我自然成了组委会副主任，对观众席的管理也就成了我管理运动会的重中之重。为了解决历届运动会的积弊，我组织了一个检查班子，啥也不干，专门检查各班观众席上的纪律，同时要他们每隔一个小时公布一次各班的得分情况，并以此为依据评比精神文明先进班集体，这也是运动会上奖励班集体的最高荣誉。

为了树立检查人员的权威，我还决定给他们一项特别的权力，一旦发现有违反纪律的学生，他们随时可以在运动会现场用广播系统公开点名批评。

效果非常好！

一天下来，把每一个班的成绩公布了 8 次，点名批评了 17 名违纪的学生，对 3 个秩序不良的班级公开提出了警告。

班主任全都待在班级观众席上整顿纪律，上厕所几乎都是一路小跑。大家看到了一种前所未有的运动会秩序，都连连夸我有"点子"，能把观众席上近千人的嘴巴管住，并且让他们一个个坐得笔直，老老实实像在课堂上一样。这是前所未有的，了不起！

我自己也有些沾沾自喜。无论多么难的事，只要努力就会有办法，我越来越相信这一点。

运动会总共开两天。到第二天早上，我刚刚起床，学校办公室的一位老师就悄悄找到我。他发现，刚刚建起的主席台背面，写了一句很不好的话。我问是什么话，他不好说，让我去看一下。

我们俩急匆匆地跑去一看，原来，在刚刚抹好还没有完全凝固的石灰墙面上，歪歪扭扭地划上了深深的痕迹，"校长逝世文艺晚会"几个字格外刺眼，还有一行小字：为什么要开这样的狗屁运动会？

我被这句话钉在那里好长时间，一句话也说不出。

过了一会儿，同去的老师问我："查不查？"我没吭声，在往办公室走的路上，腿像灌了铅一样，既无力又沉重。

后来，看学生的周记，才看出点儿眉目。学生对做给别人看而自己备受煎熬的运动会"恨之入骨"，本来不能上场参与比赛就已经够难受了，当个摇旗呐喊的观众都不被允许，把运动会变成折磨学生的集会，还有什么意思！

是啊，为什么我们总喜欢办一些学生不喜欢的事情呢？我陷入了深深的苦恼之中。

恰在此时，我在一家书店买到了一本装帧朴素的黄皮书——苏霍姆林斯基的《给教师的建议》，我一下子就被书的内容所吸引。在读这本书之前，我几乎对教育学完全失望了。大学的教育学教材、老师推荐的教育学参考文献，都叫我脑袋发涨，那些枯燥无味、板着面孔讲的条条框框到底有什么用，我到今天也说不明白。

当我第一次翻开这本《给教师的建议》时，我真的感到眼前一亮。苏霍姆林斯基像一位长者，与我们促膝而谈，娓娓叙来，你丝毫察觉不出一位教育家的居高临下。他用非常朴素的语言，说了一些我们每天都在经历的事情，讲了许多令我们恍然大悟却又浅显易懂的道理。那时我感觉犹如置身于雾气弥漫的原野，找不到路径，看不清方向，忽然间，云开日出，阳光明媚，我这才惊喜地发现了虽近在咫尺，而先前我却视而不见的真实的教育风景……

　　我一直认为，这是我看到的第一本真正的教育学著作。之后，我又兴致盎然地找来了苏霍姆林斯基的其他著作，诸如《帕夫雷什中学》《怎样培养真正的人》《育人三部曲》。

　　我终于为自己的漫漫教育旅途找到了一位真正的引领者。

4 / 教育不需要"目中无人"的管理

学校制度该保护谁

1986 年春天，流感袭击校园，全校学生似乎都要轮流感冒一遍，今天你倒下了，明天他发烧，把学校搞得七零八落，我任课的高一（1）班也有好多学生回家了。

不承想，病愈返校学生的吃饭成了大问题。因为学校有"明文"规定，饭必须提前一天预订，当天订饭概不接受，更不得临时增减。孙树军是我的语文科代表，她病愈返校后当然也面临着吃饭问题。她给我送作文的时候，我主动提出去食堂为她说明一下情况，补打一份饭，不就是四两馒头嘛！

路上我就想，实事求是嘛，学生当天返校，怎么能够提前订饭？

与孙树军一同走到食堂前，迎面正碰见炊事班长。我还没来得及说清楚情况，班长似乎早就明白了，二话没说，就把我俩领到炊事班的办公室。我满以为是要打饭给我们，没想到，这位班长指着墙上挂着的规章制度，以略带挑衅的口吻说："李主任，你是教导处的领导，如果我们一千多名学生全都这样不订饭，我们炊事班还用不用干啦？"

我说了一句："怎么会都不订饭呢？这不是特殊情况吗？"

谈起当年买馒头的风波，两位学生笑了

　　他倒是对答如流："特殊特殊，你特殊，他特殊，谁不特殊！制度就是对付这些特殊人物的！"

　　我一听他话里有话，气也上来了，嗓门儿也高了上去，招来了一大批学生围观。炊事班长自知这阵势于他不利，一摔门溜了，走出几步又甩回一句话来："你有理由千条，我有制度一个，制度面前人人平等，我按制度办事也错了吗？"

　　是啊，人家按制度办事，你又能拿人家怎么样？

　　事后，我反复思考：学生饿肚子和遵守制度，到底孰轻孰重？制定制度的目的究竟是什么？制度到底是用来干什么的？

　　以后又经历了类似的事情，我渐渐明白了一个浅显的道理：一切制度都必须从关注人本身的需要出发，脱离人文关怀的制度只能成为束缚人手脚的镣铐。

管理权威与学生的命运

　　1989 年"五一"节，四个高二学生相约去了北京。事先班主任不了解，家长不知情。在北京疯玩了几天，几个人一商量，又乘南下的火车玩到了深圳，返回时才知道，已经超过学校规定的退学警戒时限了。校规规定旷课超过一周必须自动退学。

　　白纸黑字，有规章制度在，所以，没经学校办公会讨论，我向校长打了一个招呼，一纸公告就贴了出来，对四名私自旷课的学生一并劝退。这是管理的权威。

　　家长非常着急地找到了学校，恳求老师能够"高抬贵手"，给孩子一个"立功赎罪"的机会。四个学生也蒙了：在学校实在是"憋"够了，不过想出去散散心罢了。他们压根儿没想到后果会如此严重。

　　都知道我是个原则性很强的人，谁找我也不会有用，所以，家长们动员各方力量，去做其他校领导的工作。校领导们经不住家长的恳求，更经不住孩子们的泪眼，最终"防线"被打破，答应四名学生回校上课。他们知道，我这个说一不二的副校长是不会同意的，于是，就避开办公会，悄悄地把学生放回了教室。

　　第二天，消息就传到我耳朵里。一开始我有点儿不相信，到教室一看，其中我认识的一名学生确凿无疑地坐在桌前，我这才如梦方醒，心里顿时像着火一样，七窍生烟。我这副校长的脸还往哪儿摆？这管理的权威还有没有？我今后的工作又该怎么开展？真是越想越气，越想越火！

　　我气呼呼地找到了老书记，气得连说话都有些困难。

　　老书记劝我坐下，说："算了算了，不就是几个孩子出去玩了几天吗？不要与他们一般见识。"

我接着顶上了一句："不是见识不见识，这是管理的权威，我们的校规还要不要？"

老书记也有点儿生气了，他一字一顿地说："校规，要又怎么样，不要又怎么样！你那个权威还能比孩子上学更重要？"

若干年后，老书记的话还时常在我的耳边回响。

是啊，我们常常过于看重管理的权威，却忽略了管理的终极目的：一切都是为了人的发展。如果以牺牲孩子的前程命运作为维护管理权威的代价，不但背离了管理的初衷，而且这种管理最终必然会走向死胡同。后来，在《大教学论》里，我看到了夸美纽斯的告诫，他说："一切纪律都当小心地施用，除了诱导学生去把他们的工作完全做好以外，没有别种目的。"是啊，和学生一生的发展相比，权威算什么！而且我们也完全可以找到一种两全其美的方法。

但当时，我并没有想明白这个道理。

5 / 将矛盾消化在机制之中

热情难医百病

1990 年，是高密四中历史上最灰暗的一年。当年六个毕业班三百多名学生参加高考，只有两名学生超过本科录取线，达到专科线的学生也寥寥无几。

高考的失利给了大家当头一棒，尽管对这样一个结果早有预料，但真的变成事实，大家还是难以接受。整个学校沉浸在压抑之中。

其实，每个人心里想的还是蛮复杂的。有许多老师已经明显地表现出对学校管理的不满，他们满心期待着学校的改变，但又不知道从何做起；还有许多人则希望快快离开这所学校，他们开始把"欲干不能，欲罢不忍"挂在嘴上。我作为分管教学的副校长，从感情上说，更是"欲说还休"。我能说什么呢？教学质量出了问题，我当然难辞其咎，这有什么好说的？我是分管教学的副校长嘛！自己想归自己想，当有人真的要把责任全部安在我头上的时候，我从心里又感到十足的委屈……

这时候，我突然接到通知，要我到县委谈话。

我以为组织上可能要把我调离四中了，心里有说不出的滋味。没走的时候想快快调离；真的要走了，心里又像是打翻了五味瓶，心想，就这样窝窝囊囊地走了，纯粹逃兵一个！

没想到，谈话的结果是要我继续留在四中，担任校长兼党支部书记。

县委组织部部长和县教委主任亲自跟我谈了好长时间，核心意思就是强调学校担子的沉重，而且县里是第一次把这样一所高中学校交给一个刚满三十岁的年轻人，真的是不放心哪！

四中人都是我的同事，我知道他们在想些什么，我更知道他们需要什么。所以，上任之后的"头三脚"我就踢在了"五子登科"上，在老师们的"房子"、"炉子"、"妻子"、"孩子"、"票子"等一系列切身利益上做文章。

上任伊始，邀请老校长回校出谋划策

我们在领导班子中统一思想，就是以"三心"换"一心"："耐心"倾听老师们的呼声，"热心"为大家排忧解难，"诚心"为群众办好事、实事，最后换取大家的"信心"。

首先，我们改造了近三十户家属房，原来只有校领导才有的小厨房，给每家每户都盖了起来。大家一下子提起了精神：原来，我们也可以享受到校领导的待遇。紧接着，我们又为家庭比较困难而且没工作的教师家属在学校里安排了工作；为十二对两地分居的教师联系调动，使他们家庭团圆；穿针引线使八对青年喜结连理并为他们举行了隆重的集体婚礼；为教职工子女办起了幼儿园、设立了奖学金；让教师享受和镇上干部一样的待遇，冬天也为他们买上半吨烤火煤，并给家在农村的单职工送到家门口；在经费异常紧张的情况下，把班主任补贴增加了一倍……

校园里一下子热闹起来，春天似乎恋恋不舍地在人们中间穿行，一张张笑脸洋溢着自豪和信心。

到11月的时候，我们又召开了已经好长时间没换届的教职工代表大会，成立了"参政议政委员会"，并且规定，学校的重大决策必须经过这个委员会的认可。会上，我报告中的一句话很自然地成了好多人的口头禅：学校是我们大家的学校。

校园里洋溢着一片激动。我们不说谁说，我们不干谁干，把学校快快搞上去，快！快！快！

在会上，我们通过的第一个方案就是《教学奖励条例》，把劳动与利益直接挂钩，不管白猫黑猫，抓住老鼠就是好猫！

我每天都在老师们中间忙碌着，每天都被老师们包围着，似乎又找到了刚刚做教师时的感觉。

半年过去了，校园里人们似乎开始变得理性起来。人们开始从热情洋溢中走出来，许多时候明显地变得有些计较起来，大的事情攀比，小的事情也犯嘀咕。教两个班课的老师，开始嫉妒教一个班课的老师轻松；当班主任的老师，有点儿羡慕"无官一身轻"的潇洒；教学成绩评价更是难以在"参政议政委员会"上通过，大家站在各自的立场上，各执一词，偏执一方，互不相让。为了一点儿利益，有时竟然闹到了不可开交的程度。

教师以什么样的心态理解生活，就将以什么样的方式对待教学。如果校园里长期弥漫着这样的情绪，那将会培养出什么样的学生？

我有点儿焦虑不安。

"面子"也没那么奏效了

一天中午，我正在办公室里与一位客人闲谈，门被嘭地踹开了。满身酒气的"参政议政委员会"主任老于闯了进来，他开口第一句就说："希贵，这参政议政主任我不干了！光语文就够我教的了，我不能再跟着你受窝囊气了！"他的声调既高又尖，把那位客人惊蒙了，他想象不到这样的阵势还会出现在校长的办公室里。

我知道老于的脾气，一定是有人惹他了。在老师们面前，他什么脾气都没有；一到校长室，他什么脾气都来了。

我给他倒了一杯水，递到他的手里，把椅子搬了搬，示意他坐下。但他水也不喝，椅子也不坐，愣是喷着酒气往外发泄："我算看透了，有些人是蹬着鼻子上脸——越来越不像话了！"

原来，上午刚刚发了半年奖金，一部分原来的"哥们儿"，也是学校的"元老派"，冲到老于家里发了一通脾气。他们大都是学校的骨干，工作量普遍偏大，所以教学成绩反而比不上一些工作量小的青年教师，因为奖励是按照教学成绩发放的，因此他们心里很不平衡，找校长似乎还不太好意思，就跑到"参政议政委员会"主任家里"闹腾闹腾"。

老于先是摆酒炒菜，后来又好言相劝，可酒过三巡，"哥们儿"的话题就越拉越长，不满被明显放大了。有的甚至当场提出，这学期教两个班是看老于的面子，可到头来"朝屁股就是两鞭子"，下学期就只教一个班，谁做工作都白搭，再也不能这样当"傻帽儿"了。在场的两位数学老师也吵了起来，他们同教一个班，一位教几何，另一位教代数，因为考试是几何、代数合在一起考，所以一旦成绩出了问题就分不清责任，吵来吵去，最后也一齐把怨气撒向老于，怨他那个"委员会"出的馊主意。

从酒气和怨气中冲出来，老于到校长室发泄来了。

其实，我早就意识到了，近一段时间，老师们开始半是认真半是开玩笑地"打招呼"，中心意思就是下学期"身体不好"，或者有"特殊情况"，工作量需要照顾一下，两个班可教不了啦！

我跟老于交换了意见，说真的，他们并不是要反对你，只不过是为了维护他们自己罢了。这一切说明我们的制度已经存在很大问题了。

一条腿是没办法走路的，仅仅靠奖惩的办法，单纯地用教学成绩来评价一位教师的全部工作，使得好多人已经开始抛弃工作量了。

过去，大家是看校长的"面子"才那么拼命地干，时间一长，"面子"也没那么奏效了。

制造一杆公平秤

1992年，正当我异常苦闷的时候，一个偶然的机会，我看到了北京部分学校进行校长负责制、教师聘任制、结构工资制和岗位目标责任制改革的经验报道。我感到，这似乎正是我们要找的办法。于是，第二天，我找到县教委主任郭玉梅，希望学习北京的经验，进行内部体制改革。

郭主任非常高兴，当即找来了分管高中教育的教委副主任王百祥和办公室主任韩金绶，一同研究，并决定把四中的改革作为全县试点，同时指派韩金绶与我一同到北京考察。

北京的考察让我们大开眼界，但教师聘任制改革，也叫我们大大地扫兴。有些好心的校长嘱咐我，当校长的，"四制"改革只能搞"三制"，这教职工聘任可不能太认真，不说聘谁不聘谁，就是掂掂谁轻谁重，也不一定就你校长那杆秤准！

回家想一想，觉得他们说得也确实在理。可是，在聘任这件事情上掂不出谁轻谁重，在"四制"改革中让聘任制走过场，这改革肯定又会应了人们那句老话——"雷声大雨点小"。

不改不行。既然要改，就不能走过场。于是我们开始尝试创制一杆公平秤。

一个分粥的故事引起了我的思考。故事是说，有一个七人组成的小团队，他们平凡而且平等，没有祸害别人之心，但不免自私自利。他们要解决每天吃饭的问题——分食一锅粥，但并没有称量工具。大家试验了不同的方法，最后形成了比较完善的制度。大体说来主要有以下几种。

方法一：指定一个人负责分粥事宜。很快大家就发现，这个人为自己分的粥最多。于是换了一个人，结果总是主持分粥的人碗里的粥最多最好。可见，权力会导致腐败，绝对的权力会导致绝对的腐败。

方法二：大家轮流主持分粥，每人每周一天。这样就等于承认了每个人有为自己多分的权力，同时也给予了每个人为自己多分的机会。这样虽然看起来平等了，但是每个人在一周中只有一天吃得饱而且有剩余，其余六天都饥饿难挨。大家认为这种办法造成了资源浪费。

方法三：大家选举一个信得过的人主持分粥。开始这个品德尚属上乘的人还能公平分粥，但不久他就开始为自己和溜须拍马的人多分。当然不能放任其堕落和败坏风气，还得寻找新思路。

方法四：选举一个分粥委员会和一个监督委员会，形成监督和制约。这样公平基本上做到了，可由于监督委员会经常提出各种议案，分粥委员会又据理力争，等分完时，粥早就凉了。

方法五：每个人轮流值日分粥，但是分粥的那个人要最后领粥。令人惊奇的是，在这个制度下，七个碗里的粥每次都是一样多，就像用科学仪器量过一样。因为每个主持分粥的人都认识到，如果七个碗里的粥不一样，他确定无疑将会享用那份最少的。

故事的内容非常简单，寓意却异常深刻。一个好的机制通常可以起到意想不到的作用。于是，我开始了对学校机制建设的探索。

校长这杆公平秤就是后来我们在改革方案中形成的"分层聘任，双向选择"的聘任机制。这个机制规定，在聘任过程中，校长只聘任学校的中层部门负责人，教职工由中层部门负责人选聘；尤其重要的是，中层部门与教职工的选择是双向的，任何一个教职工都可以选择全校所有中层部门的任何一个岗位填报志愿，而中层部门的负责人也有聘与不聘的自主权。在这样的机制下，一个教职工被聘任到什么岗位，或者不被聘任，基本不存在公平不公平的问题。

校长这杆感情上的公平秤搁置了，机制这杆硬邦邦的公平秤则把领导者的行为公平化了。校长也避开了一个人面对全校教职员工聘任的压力，避开了集中的矛盾点，但这个矛盾并没有被上推下卸，而是被消化在机制之中。

更重要的是，这个机制已经走出了单纯地看待教师某一方面业绩的怪圈，它是一个通过聘任，全方位、多角度衡量和评价教师的机制，它不再靠量化的办法"精确"地评判教师。

方案很快就得到了教代会的通过，学校又洋溢在新的激动之中。

让聘任制软着陆

改革能解决矛盾，也可能会引出麻烦，重要的是如何解决麻烦。

尽管在方案的论证上我们十分谨慎，考虑得也尽可能全面，可到动真格的时候，我们还是心存疑虑，虽然方案是公平的，对每一个人都是一样的，但一旦有谁落聘了，毕竟关系到饭碗问题，要说没震荡，是不可能的。

怎么让聘任制软着陆，把震荡降到最小？我们想了一个办法，就是试聘。

说实在话，我们过去的人事制度和分配制度本身就是一个养懒汉的机制，在那样一个干多干少一个样、干好干孬一个样的体制下，谁认真干才是不正常的呢！在那样的体制下，懒汉不一定是真正的懒汉，说不定还是些聪明人呢！所以，我们应该给这些人一个机会，让他们在新的机制下改变自己，以适应形势的变化。

试聘，让可能落聘的人在试聘后自寻出路。这是一个有效的缓冲机制，好比装了一具降落伞，它可以让聘任制安全软着陆。

1993 年 6 月，第一轮试聘工作如期进行，果然，有四名教师、两名工人在试聘中落聘。我们没有公开这个结果，只是以个别谈话的方式通知了本人。我们给他们提出了两个建议：一是可以待正式聘任时再试一试；二是在正式聘任前自己找一个新的工作单位，由学校负责协调调出。

这个结果使他们有些吃惊，但很快他们就转入了找单位的奔波之中。

到 7 月份正式聘任的时候，全校教职员工无一人落聘，大家都在双向选择中找到了自己的工作岗位。

然而，背后却存在实质上的落聘。一个人可以填报四个志愿，有人第一志愿即被聘任，而且还有不少部门主动邀请，而有人却是到第四志愿才有了岗位，这对大家的触动还是挺大的。

一场令全县教育系统瞩目的改革，没有硝烟弥漫，没有血与火的较量，就这样平平静静地过去了。

多少叫人有些惊喜，也多少叫人有些失望。

卖不出去的面条

1992年暑假，我同学的几个孩子在我们家玩了整整一个假期。

开学后，我那上小学四年级的儿子和在我家寄读上初二的内侄女却一直沉湎在假日的情绪中。比较明显的表现就是，他们作业的正确率基本在70%以下，这和暑假前的几乎100%形成鲜明对比。我爱人非常着急，批评、指责都无济于事，这种状况整整持续了两个星期。

怎么办？我想试验一下机制的力量。在征得他们两个和一个同学家孩子同意的情况下，我给他们三个人设计了一张作业竞赛的图表，每天把他们的作业正确率统计下来，然后每星期六予以汇总公布。竞赛的表格就贴在家中的客厅里。这改变了他们做作业时的心态。结果两个星期下来，几个孩子又恢复到了暑假前的良好状态。

我并没有指责这几个孩子，而是借用一种力量改变了他们的情绪和学习状态。这种力量的名字就叫"机制"。

我也把这样一种机制的力量运用到了学校管理之中。在"四制"改革的同时，我们在后勤服务上同样做了较大幅度的改革。比较招眼的就是把食堂一分为三。

过去，学校食堂一直是大家意见比较集中的地方：饭菜质量不佳，服务态度不好，但价格倒是不低。不但学生有意见，在食堂吃饭的老师也不满。怎么办？我们曾试验过很多办法，比如给食堂增加补贴、给食堂工作人员增加奖金、领导下厨房帮厨……但都是水过地皮湿，时间一长，又恢复原状。

食堂一分开，效果马上就出来了。食堂工作人员的积极性、创造性迸发，服务态度真有点儿和蔼可亲的意思了。

改革之前，他们用电蒸车蒸出的馒头总是带着一层硬硬的皮，总务处与他们研究了一个月，毫无改进，就连我这当校长的与他们商量来商量去，到最后，他们竟有些不耐烦地说："校长，蒸馒头可不是教学，我们研究不了，校长也够呛！"

改革之后，没用一周时间，二食堂就率先突破这一"技术难关"，然后没过两天，其他两个食堂也"大功告成"。

有一天，我到食堂打饭，有两个食堂都做了面条，其中一个食堂的已经明显泡坏了。到底打哪一个食堂的？想来想去，我还是打了好面条。

泡坏了面条的食堂工人说："明知道我们的面条剩下就浪费了，可校长还是打了另一个食堂的好面条。"

我说："从感情上说、从传统上说，校长应该带头买你的卖不出去的面条；可是，从机制上说，我更应该叫你清楚，做不好的面条是卖不出去的，以后要用心做好面条。"

做不好的面条就该让它坏掉。

我们"牺牲"的不过是几盆面条，换来的却是一个人人受益的好机制。

"特殊职责"的困惑

机制带来了力量，学校蒸蒸日上。但大家膨胀的积极性却叫我又是欢喜又是忧。

老师们似乎没有了请病假的。打完点滴，马上就走上讲台，对他们来说是很正常的事情。

从没有特别要求过出勤、坐班，但老师们似乎没有了周末，没有了节假日。晚上11点，办公室照样灯火通明。

教导处里，天天都有老师在找教导主任"泡"课时，因为课时和工资挂钩，争到了课时，就等于争到了报酬，质量也有了保证。都想加课时，可学生的时间是有限的。

无须开学情调查会，学生的小纸条一批批地飞向校长室，有的被直接送到我的办公桌上。大家发出了一个共同的声音：作业，太多了！考试，太勤了！

老师们的积极性太高了！以至于带来了好多看上去欣欣向荣、实际上令人忧虑的新问题。

没办法，你总不能大会小会批评这种积极性吧。无奈之下，我们给卫生室规定了一条"特殊职责"：一旦有老师病了，必须立即报告领导，以便安排老师休息。

我们给值勤领导也增加了一项"特殊职责"：每天晚上，要把"赖"在办公室里不走的老师全部"请"回宿舍。

社会上，好多人为四中的"热火朝天"高兴，学校里好多人也为之自豪。但长此以往，会不会出更大的问题？

我心里忐忑不安……

6 / 经营学校文化

"永不屈服"

1990 年 12 月 24 日，高密四中召开教职工代表大会。

会前半小时，主席团会议遇到了难题。马上要提交会议讨论的校训草案，大家的意见出现了分歧。有几位成员对拟定的校训很不满意，大家七嘴八舌，各抒己见。

这时，主席团成员于成德提出了自己的看法。他认为，四中正处在一个发展的非常时期，面对着来自各个方面的压力，肯定会遇到许多困难，我们应该提倡一种永不屈服的精神，甚至，我们的校训就可以是"永不屈服"！

这一提议立即引起了大家的强烈共鸣。也许是当时四中的处境使然，大家激情澎湃，几乎一边倒地通过了这一提议。

会议期间，校训起草小组很快拟出了关于校训的说明。

1. 以社会大背景为前提，象征着我校面对国家科学文化不发达的现实，穷且益坚，不坠青云之志，为使我们民族的科学文化列入世界之林发奋努力的信念与追求。

2. 以学校背景为前提，象征着我校在教育改革、学校发展的艰难之际，团结奋进、克服困难、艰苦创业和在成绩面前继续探索教育规律、开拓创新的雄心和不屈不挠的斗志。

3. 象征着我们学校每一位教职员工以事业为己任，永不满足，不向困难屈服，不做成功的俘虏，在探索教育规律的崎岖山路上奋力攀登的精神。

4. 象征着我们学校的每一名学生时刻不忘社会的重托，刻苦励志，在不同的起点上，按不同的道路向同一个目标坚定不移地走下去的意志。

教代会结束的第一周，我们就把校训挂在了对着大门口的教学楼上。而且，连字的颜色我们都认真做了考虑，用的是庄重而冷峻的藏蓝色。

刚开始，围绕校训也有一些不同的声音。有人觉得"永不屈服"有点儿压抑，有的则感到它有点儿拗口，希望改为"不屈不挠"或者"愈挫愈奋"。可大部分老师不同意，理由也有许多。我记得比较集中的理由就是，只有这句话才能最恰切地表达当时"四中人"的处境以及精神状态，而且这是一种非常个性化的富有创意的表达，用起来带劲。

事实上，这个校训包含了许多层意思。包括学校所处的不利位置、面临的重重困难以及我们应有的态度，包括学生心理素质方面的要求，这里面当然有不屈不挠、愈挫愈奋的意思，甚至还包括爱国主义教育的因素，这些丰富的内涵都在这面旗帜下愈加鲜明生动。学生在这样一面旗帜下接受教育的时候，显得格外激动，也比较容易受到感染。走出校门的学生在给我的信中大多都会提到这个会给他们终生激励的校训，有的甚至都在部队当首长了，还用这样一个校训去武装他的士兵们，据说也同样取得了很好的效果。

让"苦累文化""上市"

为了让校训走进学生的心里，我们希望创造一种氛围。于是，在学校大门口的两边，又写上两句警言：怕苦累莫入此门，图轻松另寻他处。

没想到，这样两句话引来了人们的好多议论。

有人说，现在大家都在喊素质教育，你们却在搞苦累文化，这不是背道而驰，与上边的精神唱反调吗？

还有人说，都什么年代了，人人都在追求幸福，你们却一个劲儿地苦哇累呀的，多不好。

甚至还有人提出要修改校训，他们说："永不屈服"是不向谁屈服？还是提"不屈不挠"更好一些。

看来，有必要统一思想。

怕苦累莫入此门，图轻松另寻他处

经过精心筹备，我们搞了一个全校学生、教职员工和家长代表参加的"四中人精神"解读大会。会上，师生互动，家长与孩子互动，大家讲自己的感悟和体验，讲自己的故事和经历。大家一致认为，素质教育并不是不要苦累，全面素质的提高更不可能一蹴而就，这中间必然有挫败、有痛苦。

我们深深知道，我们的学生来自农村，来自贫困的农民家庭，如果他们连苦累都不敢面对，那么他们不仅不会有现实的出路，更不可能有什么美好的未来。

我清楚地记得，1994级1班的高月霞开学时带来的第一个笔记本的扉页上写着这样两句话："苦，是我们的弟兄；累，是我们的姐妹。与苦累同行，应该是我们的荣幸。"

也是这个班级的栗瑞莲，在自己的日记里写道："我们是幸运的，因为我们是四中人，然而，仅有幸运是不够的，因为生活毕竟不是梦，仅靠生活的赐予会断送我们自己……就让我们行动起来，在四中的校史上，增添一笔属于我们自己的辉煌。"

一名家住市内、父母都是干部的学生来到四中不久给父母写信，谈在四中的感受，他告诉爸爸、妈妈："在四中短短几个月的时间，我感到我成熟了。"

一个名叫燕子的女生，过去在高密市颇有"名气"，高密所有的高中她几乎都转遍了，谁都不敢收留她，谁也不愿收留她，连她自己都觉着"自己不可救药"。一位教过她的老师恨铁不成钢地说："燕子要是能考上大学，那得太阳从西边出来！"最后，她被当成包袱甩给了四中。在四中读到高中毕业，结果她竟奇迹般地升入高校。而这，对燕子来说并不是最重要的。那么，什么是最重要的？燕子从自己曲折的生活经历，特别是在四中的经历中得出了结论。升入高校后，她几次给我写信，谈起四中，句句动情。

……四中，对每一个懒惰、想混日子的人都是沉重的压力。因为四中是生气勃勃的，是蒸蒸日上的！一切的老气横秋、消极沮丧、甘于落后与四中都是不协调的。四中给每一个追求着的人提供了一个巨大的精神支撑,那就是"永不屈服"。

燕子从自己的切身体验中得出的这一结论,道出了四中情结的秘密。

"永不屈服",简单而又普通的四个字,写在纸上、挂在嘴上、贴在墙上,并不难。而要把它写到每一个教职员工和每一个学生的心上,让他们从内心认同,就不容易了。

教育是塑造心灵的艺术,教育的伟大、神圣正在于此,教育的艰难也在于此。

当然,四中的文化绝不仅仅是苦累,但有了这样一种文化做基础,学生的成长便变得顺畅而自然。

看来,学校文化必须有独特的个性,一所学校经营什么样的文化,必须着眼于学生的实际和所处的环境。试想,假如我们当时在高密四中经营"优雅文化",倡导悠闲、雅致的生活,恐怕就不会有今天的四中,也就不会让一批又一批农家子弟寻找到更广阔的发展空间。

终于,"苦累文化"在我们所能影响的地域成功"上市"。

"领导干部日日思"

在四中,我们领导班子有两个引人注目的小立法,一个是《领导干部日日思》,另一个是《高密四中领导干部修养要则》。不妨把它们抄录在这里。

/ 领导干部日日思 /

1.团结才有力量。"众志成城","无坚不摧","攥起的拳头才有力量",

"相斗俱伤"。

2. 在其位谋其政。"你是干什么的？"

3. 群众观念。"干部的权力是群众赋予的"，"离开了群众，你还有多大能耐"。

4. 心理换位。"假如你是一名教师"，"假如你是一名学生"，"当你处于对方处境的时候"。

5. 互相合作。"你是天下第一，也要由天下第二来帮你。"

6. 原则性与灵活性。"只有体现了集体意志的原则性，才有权威；只有建立在集体基础上的灵活性，才真正有效。个人的'灵活性'常常是既害别人，又害集体，时间一长，也必然害了自己。"

7. 工作的科学性、系统性、预见性、创造性。"反对鲁莽行事，科学是进步之父"，"我们是一个集体、一个目标，我们的每一项工作都至关重要，互为条件"，"习惯于因循是危险的，因为往往会让人走入死胡同"。

8. 求真务实。"向真理'投降'永远不是丢人的事情"，"哗众取宠的花架子只能让人离成功越来越远"。

9. 心理承受能力。"愉快地接受既成事实"，"办任何一件事情都不可能从良好的开端直接跳向令人陶醉的成功，因为这中间必然会有挫折，只是我们如何对待它的问题"。

/ 高密四中领导干部修养要则 /

1. 向团结靠拢。不可能没有摩擦，不可能没有碰撞，摩擦、碰撞之后的第一个念头，就应当是向团结靠拢。

2. 谦逊。绝不应该仅仅把谦逊当作一种姿态，而应当从谦逊中真正获益。因为绝大部分切实有效的奇谋妙计，都来自扎扎实实的第一线工作。由于工作分工的原因，我们毕竟或多或少地失掉了一部分在第一线工作的感受。什么时候盛气凌人了，什么时候就是失败的前奏。

3.多从对方的角度想一想。不仅在生活问题的处理上应该设身处地地考虑对方的难处，而且在更广泛的意义上也应该随时随地调整自己观察问题、处理问题、评价老师的角度。"饱汉不知饿汉饥"、"站着说话不腰疼"固然有它的片面性，却包含着某些小看不得的真谛。

4.个人永远不会成为英雄。离开集体智慧与团结的个人，即使"英雄"一时，也终究是短命的。只有先表现集体，才有可能水到渠成地表现自己，任何只表现自己的想法和做法最终都只能使自己成为四面楚歌的孤家寡人。

5.避免争论。在任何问题上，都不可能达到百分之百的观点一致，而要使我们的观点达成一致，往往不是靠争论完成的。争论的结果往往事与愿违，即使你赢了，其实也是输了，因为你失去了对方的好感，为以后的工作带来了难度。争论临头时，一定要"忍过这个晚上"。

6.不做"事后诸葛亮"。张飞、诸葛亮是艺术塑造的。尺有所短，寸有所长，生活中既没有张飞，也没有诸葛亮。事情成功，靠的是天时、地利、人和。事情遇到了麻烦，甚至失败了，最忌讳"当初如果按照我的意见办……"

7.理解与迁就。有许多事情、许多工作是可以理解的，但不能迁就；而有些事情、有些工作是可以迁就的，虽然不为人们所理解。

8.科学、公正的识人、用人观念。什么时候都应当以工作为中心、为重点去识人、用人、评价人。做到这一点的基础是拥有全局观念。任何个人的好恶都是科学、公正的敌人。如不干工作的"好人"越"好"，离创造良好的形象只会越远。

9.灵活。不要非此即彼。事情不一定要按一种思路完成，有时候按我们想的办，事情会成功；按别人的思路办，也照样会成功。

10.身先士卒，敢于下水。要说"同志们，跟我冲"，而不要说"弟兄们，给我上"。

11.把自己的事情办好。如果顾及外围关系太多而办糟了自己的事情，终将被人瞧不起，于是连内加外都统统失掉。

12. 省身。要不断地闭门思过，从反面意见中汲取营养。提得出来的反面意见往往具有我们意想不到的根据，对培养我们的多向思维方式大有裨益；如果离开了反面意见，就很容易使我们的思维在单向的狭路上徘徊。

　　这两个文件是我亲自起草的，或者说是我思考的结果。校长经营好自己的班子是一件重中之重的大事，而不同的班子又各不相同。固然关于班子建设，上级有数不清的文件，也有人们耳熟能详的原则、制度，但是，一个单位的建设仅仅靠这些，是远远不够的，因为你的班子肯定不同于别人的班子。

7 / "让每一个人都感到自己重要"

从热爱水井到热爱学校

高密四中有一个"牢骚大王",谁都拿他没办法。

1992 年春天,严重干旱,吃水难成了威胁学校办学的大问题。但"牢骚大王"却显得活跃起来,因为关于地下水的走向,他在当地还算是个小小的"权威"。那些日子,他在校园里转来转去,一副若有所思又若无其事的样子,叫我们几个学校领导忐忑不安:这个"牢骚大王"又要搞什么名堂?

后来,在教代会上,一个从根本上解决学校吃水问题的提案,让人们对"牢骚大王"刮目相看。原来,经过几个星期的考察、勘探,他已经掌握了第一手资料,对于把井打在哪里能够确保一举解决吃水难题,他自认为有百分之百的把握。

说实话,经过两年的努力,我们的教代会已经受到老师们的特别关注。因为学校所有的大事都要在这几天敲定,而每一个人手里都握有神圣的一票。优秀提案在教代会期间特别激动人心,因为这样的提案不仅会获得奖励,更重要的是,它们是要马上付诸实施的。

像其他优秀提案一样,解决学校吃水问题的提案在教代会还没有结束时就开始实施了。但是,钻机在"牢骚大王"选定的菜地里钻了两天时间都没有钻出水。

两天里，他一直守在钻机旁不肯离去。我心里也捏着一把汗，万一钻井失败，不仅吃水的问题越来越难，对这位老师也是很大的打击。毕竟，他从这一提案开始，已经向热爱学校迈进了一大步。

第三天，在钻机的轰鸣声中，机井里的水奇迹般地喷涌而出，工地上顿时一片欢声笑语。那一刻，"牢骚大王"竟像孩子一样扑在机井旁边放声哭了起来。

那以后，从热爱水井到热爱学校，他显得非常执着，因为他一直认为自己在学校里有着了不起的地位。

实践证明，几乎每个人都希望自己成为重要人物。正如杜威所言，在人类所有的冲动中，以"希望成为重要人物"的欲望最为强烈。在教代会上，我们采纳了这个提案，实际上使"牢骚大王"实现了成为重要人物的愿望。

"三朝元老"和"首席接待"

1993 年，一本书对我的思想产生了重要的影响。

这本书的书名是"掌握人性的管理"。它是美国一家优秀的化妆品公司的老板玛丽凯管理自己公司的心得，书中自始至终强调的是以人为本的管理思想。玛丽凯特别注意人的不同层次的需要，她从人本出发，最终走到了管理的巅峰，成为全美最优秀的化妆品公司的老板。

高密四中的图书馆里有一位资历很老的老同志，他在自己的岗位上已足足干了三十年，而且干得非常出色，老一点儿的教师都非常尊重他。但随着时间的推移，老教师大都退休了，青年教师成了学校的主体。他们对这位老教师的过去大多知之甚少，把他仅仅当作一位普通的图书管理员看待。这让他感到被冷落了，心情变得很不好。于是，他开始带着情绪工作，闷闷不乐地忙碌着，有时候，态度就显得不够和蔼可亲了。

终于有一天，有关他服务态度的问题被反映到了校长办公会上。因此，大家围绕职员服务态度和教学中心重要性的话题谈了好多，我则想到了玛丽凯的话。玛丽凯曾满怀深情地告诉读者，管理是一门了不起的艺术，它的最高境界就是让每一个被管理的人都感到自己重要。在她的化妆品公司里，即使是一颗螺丝钉，都被镀得闪闪发光。为了实现自己的管理理想，玛丽凯买断了凯迪拉克汽车公司粉红色的汽车，专门用来配发给销售额达到一定数量的营销人员，让全美国人都清楚，在美国的大地上，驾驶着粉红色凯迪拉克轿车的人，肯定是玛丽凯公司业绩突出的员工。玛丽凯说："我的员工胸前挂着一个'我很重要'的标志，这是一个英雄的标志，它时刻提醒我，每一个人都很重要。"

很明显，我们这位老教师三十年的工作经历和他一贯的表现证明，他并不是不知道学校是以教学为中心的，也不是不清楚他的工作就是服务于教学的，问题是他感受到了人们对他的轻视，这种感受笼罩着他的心灵，他怎么可能对别人和蔼可亲呢？

怎么办？只有让他重新找回自己的感觉。

当时，教师节已近，工会的老师正在考虑庆祝活动。我给他们出了一个主意，把活动的主题定为"尊重默默无闻的劳动"，并由此延伸出许多活动，其中一项内容就是请全市最有名的书法家为有三十年教龄的老师赠字。工会的老师请书法家为那位图书馆的老教师题的字是"三朝元老"，并请装裱师装裱起来，以此来说明他在学校历经三任校长的独特地位。这件事很快就被大家传为佳话，大部分青年人开始了解到这位老教师的经历，知道了他一贯兢兢业业的过去，于是换了一种目光看他。他呢，则对这一题字格外珍重，平时，就把它挂在办公室的显要位置；放假呢，则把它拿

三朝元老

回家，挂在家中最显眼的地方。他心里开始充满阳光，在平常的工作中又恢复了和蔼可亲的状态。

1993 年，为了加强与家长的联系，我们设了一个家长接待室。因为没有多余的房间，简单收拾一下，学校的收发室就兼做了家长接待室。老收发员吕老师自然就兼做了接待家长的"首席接待"，由他代表学校向家长介绍学校的发展规划和教育教学情况。

为了让吕老师更好地与家长沟通，使他们对学校了解得更准确一些，学校的一些大政方针、规划方案，我都会直接告诉他，有些与这方面内容有关系的会议也要他参加。这让他感到非常自豪。有一天他告诉我说："如果哪天你不在家，我就感到责任十分重大，因为在家长们面前，我就相当于校长。"

这句话深深地触动了我：一个人认为自己重要的背后，其实是他心灵深处沉甸甸的责任意识!

每一位员工都感到自己重要，每一个人都有了沉甸甸的责任意识——有了这样一支队伍，我们还有什么做不到、做不好呢!

从"五子登科"到"功勋四中人"

一转眼，我已经当了四年校长了。一开始的"五子登科"渐渐被人们淡忘。甚至，有些人已经表现出了很多不满。于是，我们学校管理层出现了争议。有人甚至认为，教师是贪得无厌、永远不会满足的，你把心掏出来给他吃，他说不定还嫌腥呢。

这时候，马斯洛的"需求层次学说"帮了我们的大忙，对我们统一思想起了至关重要的作用。它使我们明白了人的需求是与动力连在一起的，一个人如果没有需求的提升，就没有工作的动力。正确认识被管理者的需求，不断调整管理方法，努力创造条件以满足教师们新的需求，特别是精神上的需求，这是提升学校管理水平的重要手段。

那一年，我们不再仅仅在提高教师的生活待遇上做文章，而是把物质的东西尽可能转化为精神上的满足。

"功勋四中人"是我们开发的一个比较成功的项目。

在这之前，我们对优秀教师实行补贴，每月几十元的补贴尽管不多，但在当时的农村中学也算难能可贵了。可是，随着时间的推移，没有什么"名堂"的几十元钱变得越来越无足轻重。怎么办？增加更多钱，对我们这样的学校来说实在是太难了。于是，我们便在教师们的精神需求上做起了文章。我们在没有增加多少补贴的情况下，新产生了一个"功勋四中人"的称号，把那些为学校做出卓越贡献的人表彰为"功勋四中人"，并举行隆重的表彰仪式。县总工会、县教委的领导亲临授奖，连家属都被请来参加这个仪式。在这样一种隆重而又热烈的气氛中，有些教师激动得流下了热泪。

的确，在人们的生存需求得到充分保障之后，着眼于心灵和精神层面的激励可以让他们获得更大的前进动力。

校长的责任："经销"希望

拿破仑·波拿巴说，一个领导者就是一个希望"经销商"。这个希望在一个团队中既包括团体的希望，也应该包括个人的希望。这也是美国麻省理工学院彼得·圣吉博士所说的共同愿景和个人愿景。

学校发展比较健康之后，我们开始思考怎么为师生员工提供新的动力。

　　在 1992 年的教代会上，我们提出了用 3—5 年时间把学校创办成齐鲁名校的办学目标。我们在办学思想、教育质量、队伍建设甚至校园文化方面都做了一些具体规划，提出了比较明确的奋斗目标，而且把这些目标具体分解到每一个岗位上。这样，抽象的目标就变成了形象的愿景，经过教代会反复论证，我们将之写在了学校规划里和教代会的报告中。在那段时间里，几乎没有人叫苦喊累，之后每一年的教代会都开得有滋有味，大家都在自觉地用那个美好的愿景审视自己和周围人们的工作，他们都在不自觉地估算自己所负责的工作与那个美好愿景的距离。

　　最让我感动的是一位女教师。她爱人是一位军人，随军的机会对她来说应该是十分宝贵的，可为了齐鲁名校的目标，她一次又一次地放弃了与爱人团聚的机会。后来，她告诉她的同伴说，因为她是一个学科带头人，她很清楚，一旦她离开了，这个学科距离齐鲁名校就会有一个很难在短时间内弥补的差距，她希望一直坚持到这个学科成长起骨干教师来为止。当然，我们没有让她那样做，最终她还是在我们和部队首长的"命令"下带着遗憾离开了学校。但是，她的心却没有离开学校。老师们不时地会收到她寄来的学习材料，学生们则经常得到来自千里之外的鼓励。有一年，她还从原来读书所在的大学请来免费讲学的学者、教授，并让四中这样一所乡村学校与大都市里的名校结为姊妹学校。

　　当然，好的"共同愿景"往往需要与具体的"个人愿景"结合起来，才能爆发出巨大的动力。正如欧白恩所观察到的，"我的愿景对你并不重要，唯有你的愿景才能够激励你自己"。因为对共同愿景的真诚关注往往根植于个人愿景。这是一个简单的道理，却又是一个容易被人们忽略的常识。如果你有意在一个团队中建立一个共同愿景，首先你就应该持续不断地鼓励你的部属发展自己的个人愿景。

　　正因为如此，我在每一个学年要老师们制订教学计划的同时，总是要他们

用植树的方式表达对改革的支持：县教委领导与四中师生一同植树

各自制订一份个人学年发展目标。对那些制订得不够好、不够具体的老师，还要批评。发人深思的是，在这种情况下，你不管怎么批评他，他总是乐于接受。而且，就这个目标每年还要搞一个自查、互查活动。如果你与之有比较大的距离，就必须和周围的人说清楚，和校长说清楚。说清楚的过程就是自省的过程，就是进一步明确个人愿景甚或共同愿景的过程。如果你翻开我前面提到的那位不肯随军的女老师的个人发展目标，就会发现，第一年的目标，她整整改了三个回合。我们不断地让她知道她自身蕴含着巨大能量，她应该发光发热。在我们和她共同发掘她自身能量的过程中，她不仅提升了自己的愿景，甚至改变了原本有点儿自卑的性格，她为此兴奋不已。

著名管理思想家玛丽·福莱特说："最成功的领导者是能够看到尚未实现的前景的人。"你看到了，然后你再把它"推销"给你的部属，那么你距离成功就更近了一步。

难怪鲍伯·加尔文说："我认为领导者的最终工作就是传播希望。"

在成就学生的同时成就自我

　　我向来不赞成把教师仅仅看作蜡烛、春蚕、铺路石一类的角色。那种认为一类人的工作仅仅是为另外一类人献身、一类人悲剧性地活着仅仅是为了造就另外一类人的幸福的说法，其实已经与我们这个世界本来的初衷相去甚远。

　　教师应该是"托起太阳的人"，同时，它也是太阳底下最光辉的职业。一个教师在成就学生的同时，也应该成就自我。

　　基于这样一种认识，我们在四中的老师中间开展了"在成就学生的同时成就自我"的系列活动，尽可能地创造一个让全体教职工都发挥潜能的气候和环境，让每一个人在四中都留有一段美好的记忆，让四中成为每一个人成才的基石，并把这活化为一个鲜明而又响亮的口号：让每一个四中人都成为英雄！

　　让每一个四中人都成为英雄——

　　对领导的要求：事业第一；既有服务意识，又有超前意识；既是教学能手，又是管理行家；身先士卒，敢于下水，要说"同志们，跟我冲"，而不能说"弟兄们，给我上"。

　　对教师的要求：每一个学科都有1名以上市级学科带头人，每一个学科都有3名以上年级学科带头人；培养自己的尖子，自己的"魏书生"、"任小艾"；走出学校，走出高密，走出山东……

　　要想让人人都成为英雄，就要创造条件，营造氛围，铺设台阶，让人人都感受到尊重，都尝到成功的喜悦，都感到作为四中人的光荣和自豪。

　　我们学校有一个让老师们心动和神往的地方，那就是"教师成果展厅"。这里写满了荣誉，洋溢着自豪。你一踏进去，它的庄严和浩瀚就会使你受到感染，使你不由自主地惊叹，以至于流连忘返。

　　展厅共分三部分。第一展室为"荣誉篇"，展台上摆满了老师们在教学工作中获得的荣誉证书和奖章。从全国教育系统劳动模范到校级"教坛新秀",从市级教学能手到校级模范班主任……这些鲜红的证书和闪光的奖章是对教师无私奉献的最高奖赏。第二展室为"著述篇",展台上那一本本厚厚的教学论著、一篇篇有独到见解的论文,无一不是教师智慧和心血的结晶。第三展室为"丰收篇",这里摆放的是学生参加各种竞赛获得的奖杯和荣誉证书。有全国中学生数理化奥林匹克竞赛的荣誉证书,有中华"圣陶杯"中学生作文大赛的奖品,还有在山东省学生文学艺术作品博览会上获得的奖杯……这一件件奖品、一个个荣誉的主人是学生,但荣誉的背后却有辅导教师的身影。

"让每一个人都成为英雄",不只是表彰先进,还有一个让每个人都感到"大家都在关心我、尊重我"的问题。为此,学校工会组织开展了"四中人在四中大家庭中"联谊活动,为年满三十岁的青年教师赠言,鼓励他们在而立之年努力奋斗,创造辉煌;为教职工举行婚庆活动和祝寿活动;为单职工免费提供生日午餐;为教职工子女发放年终礼品,并向其所在单位发感谢信。

关心、尊重每一个人,为每一个人创造成功的机会,让每一个人都感受到四中"大家庭"的温暖,感受到作为一个四中人的责任和光荣,感受到自己在这个大家庭中的存在、自己在这个大家庭中的价值。

这样一来,老师们终于找准了自己的坐标。他们生机勃勃,他们志向远大,他们积极进取,他们在塑造学生的同时也在主动积极地塑造自我——师生共同成长,成为高密四中一道美丽的人文风景。

第2章

穿越『雷区』

在高密一中当校长的三年，是我的重要成长期。在这期间，我开始形成自己的教育理想，并尝试着把它付诸教育实践。尤其是在高中段这样一个公认的实施素质教育的"雷区"里，我进行了一系列关注师生生存状态的探索，让处在高考重压下的老师和孩子们能够自由地呼吸、自主地发展，希望他们穿越"雷区"，到达心灵之花自由开放的生命田园。

1 / 站在学生的角度思考

两笔账算出一个"双十工程"

1995 年 7 月 5 日，高考前夕，我被任命为高密一中校长。

上任的第一周，连降两天大雨，排涝竟成了学校的难题。

学校地势落差很大，校园的北端比南端低了三米多，而学校北边新修建的火车站广场又抬高了地势，这样，校园北半部分自然变成了一个"小盆地"。由于排水系统不完善，一到下雨天，处于校园最北边的食堂前就形成了一个最深处近一米的大水湾。学生打饭时全要卷起裤腿，蹚过深水，才能到达食堂。

真是一道大煞风景的"风景线"。可一中的人们已经习惯了，大家见怪不怪。

分管后勤的副校长老邱很着急，他和总务处的几位老师正在"水塘"边指挥学生过"河"打饭。

一千多名学生，一百多名教师，全都一惊一乍地过"河"。我从未遇到过这样的事情，不知是怎么回事，也挽起裤腿过"河"去食堂看看。

我问了炊事班班长一句："为什么不把饭抬到'河'那边去卖？"那位炊事班班长显得很吃惊，但回答却是不容置疑的："那根本不可能！这么多饭谁抬得了？再说，不等饭熟，学生就全挤过来打饭了。你根本没办法，根本不可能！"

我找到管理生活的老师，问了同一个问题。他看来倒是思考过了，他的回答是，学生打饭，一人不过拿一份饭，过"河"比较容易，而让炊事员抬着几十斤重的蒸笼过"河"就困难多了。

我想，应该让他们算一算另外一笔账。于是，饭后，我把他们召集起来开会，和他们一起算了两笔账。

第一笔账很简单，就是一顿饭过"河"的人次，如果把饭提前运到"河"对岸，只要十个人过"河"就可以了，而按原来的打饭方式，就会有一千多人涉水过"河"。对这个问题，他们似乎有点儿不以为意，大家脸上的表情有些木然。

第二笔账也同样简单，就是湿掉裤子的数量。尽管我双手紧紧地挽着裤角，但水还是浸湿了裤子。我仔细观察了一下，其实，所有来打饭的老师和学生的裤子都湿了。我的问题是，是只湿我们炊事班人员的十条裤子，还是让全校一千多条裤子全湿掉？

这是个大家从来都没想过的问题。

是啊，师生穿着湿漉漉的裤子上课，一定会很难受，这个难受竟然是因为吃饭。大家开始面面相觑。

过了一会儿，炊事班班长看了我一眼，低声问："能不能给我们多买几个？这样，饭熟了，我们就可以把一笼分成两笼，抬起来还能轻松一些。"

"太好了！"我情不自禁地叫了起来，"当然可以，需要多少，就买多少，马上去办！"

"菜盆也多买几个吧。"生活管理员又加上了一句，看来，他的思想也通了。

三个月后，总务处发生的另一件事，也是与"算账"有关的。按说"前有车，后有辙"，解决起来应该简单多了，但我却有意把简单问题复杂化，因为我要以此统一全校的思想。

事情是这样的，从上海考察回来，我向总务处介绍了上海一所中学维修组的一个小创意：为了解决学生物品维修困难的问题，他们在门前挂了一块小黑板，谁的物品需要维修，谁就在小黑板上写上自己的班级和需要维修的物品，维修人员"顺藤摸瓜"，就可以比较及时地解决问题。

听了这个介绍，总务处的老师不愿意重复挂小黑板的做法，就很有创意地搞了一个维修联系箱，也挂在了总务处的门前。

总务处在学校的最北端，离教学区有一百多米。维修联系箱一挂出去，立刻就得到了师生们的盛赞。我没有吭声，而是在办公会上"小题大做"，让各个部门围绕维修联系箱的位置思考自己工作的着眼点。

当然，总务处反应很快，没再用我和他们算账，一散会，他们就把维修联系箱的位置调到了教学区。而且，一个联系箱变成了两个，分别挂在了两栋教学楼的门厅里。

各个部门讨论的结果，形成了我们的一个主题——学生在我心中。大家决定，每年都要围绕这个主题思考工作的着眼点，修正自己的工作内容和工作方式。

我们把各个部门提出改进的工作项目加以汇总，就有了我们后来的"学生在我心中"的一期工程，也就是我们所说的"双十工程"，其中包括十件实事和十项工作。

十件实事是：1.元旦前在每个教室建立班级图书箱；2.配备20张乒乓球台；3.元旦前图书馆对全校学生开架阅览；4.教室内安装暖气；5.对所有课桌进行改造，加装藏书板；6."四机（电视机、录像机、录音机、幻灯机）一幕（投影幕）"进教室；7.恢复并改造教学楼学生厕所（因为太"浪费"水，把原先设计的学生厕所改为教师办公室了）；8.设立有偿岗位，让贫困生勤工助学；9.建设新的学生食堂；10.安装学生用外线电话。

十项工作是：1.讨论确定教师忌事忌语；2.建立学生导师与导生制度；3.开展隔周一次的学生咨询日活动；4.建立部分作业面批制度；5.成立特长生导师团；6.建立定期家访和家长接待日制度；7.建立学生业绩档案，对学生进行针对性教育；8.设立英语角，加强学生口语与听力训练；9.创办《精华文萃》《时政天地》《英语园地》《家长之友》等辅助学习的学生报刊；10. 办好音、体、美虚拟专业班，提供适合学生个性发展的教育。

今天看起来，这些事已经显得十分平常甚至有些琐碎了，但在当时，还是让学生和家长们兴奋不已。

后来，我们又有了"学生在我心中"的二期工程、三期工程，内容也在不断深化。比如，把食堂一分为三，改提前订饭制为学生自主选择打饭；教师要绘制学生家庭住址联络图；开办学校电视台、电台；实施"工程师摇篮计划"，在实验室开展灵活多样的实验活动；在实验班开展双语教学实验；在校园内建设植物园；设立学生自修室等。这些都是我们两期工程的重点内容。

两笔账很简单，之所以能算出效益、算出活力，就是因为算法发生了变化。过去是站在方便管理者管理的角度来算，现在是站在方便教职工和学生生活、学习的角度来算。这样算下来，学生在老师心中的位置、老师在学校领导心中的位置，就清清楚楚、十分明确了。

"无事可做的班主任"

1996 年秋天，高一新生的军训刚刚结束，体育教研室的老师正在研究队列比赛的规程。这时候，高二学生会的干部找到老师，要求由他们全权承办高一的队列比赛。

这个创意在校务会议上引起了争议，我开了一个口子：学生要夺"权"不要紧，让体育教研室招标，全校所有班级和学生团体都可以投标，谁中标就交给谁承办。

招标阵势一拉开，场面恢宏，偌大个报告厅座无虚席，评委们紧绷着脸显得沉稳而严肃，答辩的学生则满脸激动，班主任老师也一个个变得像是自己第一次登台上课一样紧张。

学生答辩的水平之高，出乎老师们的意料。他们不仅把整个比赛的常规性工作梳理得井井有条，而且连天气的因素，包括下大雨怎么办、下小雨又如何处理，都考虑得滴水不漏。有一个班级甚至提前联络好一家医院，一旦发生意外，也好"有备无患"。

经过反复权衡，评委们把标的判给了由几名学生举着全班56名学生签名的旗帜参加投标答辩的高二（5）班。

第二天，我的校长信箱里收到这样一封信。

校长老师：我们是昨天中标的高二（5）班的几名同学，有一件事情想请您给我们做主。本来中标组织比赛的是我们56名同学，可是现在班里宣布的组委会主席和副主席却是我们的年级主任和班主任。我们非常希望校长老师把这次旨在锻造我们自己的队列比赛的每一个环节都交给我们。校长老师，拜托您了，给我们说句话吧，不然我们真有点儿泄气了。

我们显然不能认为这是要"官"，其实，学生们是在争取成长的机会。

我装出一副随便问问的样子，找到了老师们，正像我们通常考虑问题的方式那样，老师们显然是替学生们"着想"。他们不想让出组委会主席的原因有许多，重要的不过两个：一是没有一个能够全面担当此任的人选；二是怕把这么一个位子压在一名学生身上对他的学习影响太大。

不能说老师们的担心是多余的，可是，真的就没有既能满足学生们的需求又能让老师们放心的办法吗？

还是学生们把办法想出来了。他们自己组织了一个主席团，一位主席主管一件事情，主席团的团长一件事也不分管，只全面负责，繁杂的事情让大家分担了，同时又锻造了许多"主席"。年级主任和班主任只好退居二线，做了"顾问"。

正式比赛一开始，我们才明白，原来的担心纯属多余。

学生们不仅把常规比赛组织得有条不紊，而且在许多方面还很有创意。老师们普遍感觉比过去学校统一组织还要好。

一是裁判组织得好，过去老师们组织比赛，通常是在比赛队伍的前面摆一个主席台，裁判们集中坐在主席台上。而学生的高明之处，是把裁判分开，不仅比赛队伍的前面有裁判，而且在队伍的四周全都安排了，这样就可以让裁判从不同角度观察评分。再说，裁判分开坐也避免了相互影响，可以独立自主地评分，公平、公正有了保障。

二是承办者在比赛现场设立了一个公证处，这也是过去我们不曾想到的。我感到很好奇，问他们设立的原因。他们说："过去老师组织比赛，如果有一些小差错，一般都不好意思争执；可如果我们学生裁判和队员有了矛盾，发生了争执，就有人给我们做主了，我们就可以邀请其他班级的同学来做我们的公证人。"

公证处

无事可做的班主任

　　学生们想得实在是太妙了！

　　这个活动既锻炼了学生，也教育了我们自己。原来持反对意见的老师，这下也开始佩服学生了。

　　这个班的班长——本次组委会主席团的团长在接受学生记者团采访时说的一句话很发人深思。他告诉记者："活动锻炼了我们的组织能力，使我们多了一份自信、多了一份自豪，这是人所共知的。还有一个人所不知的意外收获，从今天起，我们班由八个班凝聚为一个班了，因为我们有了一个经过集体努力而取得的共同成果。"

　　当时，高二年级刚刚重新分班，每一个班级中都有原来八个平行班的学生。班级凝聚力、向心力的培养问题正让各位班主任大伤脑筋。这样一个难题却在学生们的自我教育中解决了，实在是出人意料。

　　比赛结束之后，学生摄影协会围绕这次比赛搞了一个摄影展。

　　在这个学生自己组织的摄影展览中，他们把一幅题为"无事可做的班主任"的图片评为一等奖。图片上的老师正是承办比赛班级的班主任。班上的学生有的当裁判，有的做记录，有的供开水，全都有事可做，唯独这位班主任坐在一片空荡荡的凳子后边"无所事事"。

这幅照片引起了许多老师的深思。

学生的成长固然需要老师的引领，但归根结底是学生自己在成长，我们永远无法代替他们成长。过去，我们做好心的"警察"，当勤劳的"保姆"，剥夺了多少本应属于学生自己的时间，侵占了多少本应学生自我发展的空间。这种"管教"式的教育，使学生处在被动的状态，学到了知识，但失去了自我。放开孩子的手脚吧，让他们自己走路，也许他们能够更快地奔跑起来！

"学生十大自我锻造工程"

到 1996 年年底，我们已经下定决心，把能够交给学生的活动组织权，全都交了出来，并命名为"学生十大自我锻造工程"。这十大工程如下：

1. 队列广播操比赛；2. 普通话达标；3. 优秀作业展评；4. 校报校刊优秀文章评选；5. 纪念"一二·九"歌咏比赛；6. 文化艺术节；7. "五四"演讲比赛；8. 乒乓球比赛；9. 校园歌曲卡拉 OK 大奖赛；10. "十佳百优"学生评选。

各项活动以班级或社团为单位，由他们先周密筹划，提出可行性报告，向招标单位投标。招标单位经过认真研究，详细论证，确定中标单位并公布，然后，由中标单位负责承办该项活动。

一位名叫程磊的男生连续两次参加了电视台台长、副台长的竞选，都落选了。但他并不气馁。他认为："我虽然失败了，但我受益匪浅。我经受了难得的

学生接待新西兰客人

锻炼，坚强了许多。经受了这次锻炼，将来我走上社会，即使遇到挫折，也决不会畏缩不前。"

什么职位都想竞选的宋涛，几乎参加了学校大大小小所有的竞选。有人奇怪地问他为何如此自信，宋涛竟说了一句："如果有机会，我敢竞选总统！"

后来，我们又把运动会改为体育节，把这样一个连老师们自己组织都非常操心的大活动也交给了学生。当然，"体育节"与"运动会"绝不是玩文字游戏。"节"与"会"一字之差，性质大变：运动会是个别运动员的"会"，大多数学生是旁观者，而体育节则发生了根本的变化：一是一切由学生组织，二是全体学生参与，三是让学生快活——体育节期间设置"无批评日"，任何教师都不能批评学生。

我一下子找到了当校长的感觉：欣赏！欣赏学生，欣赏他们的创造，欣赏他们的成果，这成了我每天的享受。当然，我也不时地被学生邀请去为他们"打工"。举办一些大型活动时，他们希望校长能够出面讲几句，就拿着已经起草好的讲话稿，找到校长，向校长比画一番，甚至对校长的站姿、神态也要提些要求。在校长室里，一群学生经常把他们的校长当成学生来训练。

我是多么愿意接受学生们的这些指教和训练哪！这应该是一个校长最大的幸福了。

的确，学生的潜能就像空气，可以压缩于斗室，也可以充斥于广厦——就看我们给他们提供什么样的空间。

辅导员：班主任的最高境界

1997年春天，高一（10）班的班主任徐永清老师在期中考试前的动员班会上给学生们讲了一个故事，叫"震撼人心的一跪"。

故事说，在某大学的考场上，有一个大学生在不断作弊，监考的外籍老师几次警告他都不听，最后外籍老师在万般无奈之下，只好当众对着这名学生跪下来，说："我求求你不要再作弊了，我宁肯教出一个成绩不合格的学生，也不愿教出一个人格上不诚实的学生。"

学生们被故事中蕴含的东西深深地震撼了。

第二天，徐老师的办公桌上出现了一份签有全班学生名字的申请书。学生们一致要求，在即将举行的期中考试中检验自己，请求学校批准他们班级实行无人监考。

我感到很高兴，当即就答应了学生们的请求。

又过了一天，这个班级就把用大红纸写的《实行无人监考的倡议书》贴到了宣传栏里。结果又有几个班级不甘落后，要求申请实行无人监考。

我们当然愿意看到学生们都有这样的自觉和信心，都能自我管理、自我教育，但我们还是给学生们提出了一个要求：这个无人监考，不能只做给别人看，要确实出于他们的自愿。如果班里有学生不愿意实行，可以暂不实行。

无人监考的班级

最后有七个半班级的学生实行了无人监考。为什么冒出"半"个班级来呢？因为其中有一个班是艺术班，这个班有一半学生愿意实行无人监考，另一半学生觉得自己的学习基础比较差，无人监考时怕自制力不行，经受不住考验，还是有老师监考心里踏实。我们尊重了学生们的意见，于是，出现了一半学生实行无人监考，另一半学生实行老师监考的有趣现象。

考试前一天，高一（10）班班主任老师不放心，到班里提醒学生们，说为了自省和提示，我们是不是在黑板上写个"忠诚应考"、"严守考纪"、"向学校汇报"什么的。可学生们不同意，因为他们觉得这种板着面孔说话的口气令人很难接受，好像自己是小偷儿、罪犯似的。他们对老师说，老师，还是让我们自己来写吧。后来，他们写上了"相信你 相信我 相信我们大家"。有的班级的黑板上还写上了"今天你是主考官"。

结果，实行无人监考的班级，考纪特好，精神风貌达到了我们过去任何一次考试都达不到的境界。其余考场考纪虽也不错，但最后老师收卷时，总免不了出现一阵骚动。而无人监考的班级却没有这种现象，连一个回头或者说话的学生都没有。他们生怕在关键时刻"赚"上一个不遵守考纪的名声，给整个班级抹黑。

后来，学校电视台搞了一档专题节目叫"话说无人监考"，采访一名参与无人监考的学生时，她说的一句话令我至今难忘。

她说："老师监考时，如果你作弊，那是你在跟监考的老师兜圈子。现在实行无人监考了，如果你再作弊的话，那是你在跟自己的人格较量。"

无人监考就这样过去了，但是，我们明显地感到，从无人监考开始，高一（10）班的师生们的精神面貌明显地得到了升华，他们思考得更多、更深了。有一天，他们竟然提出了把班主任改为辅导员的建议。

我真诚地向他们请教：辅导员与班主任有什么区别？

急于"夺权"的班长小宋说，班主任是一个班的主管，是领导者，学生是被管理者，是下属；辅导员只是做辅导工作的一员，少了领导的意味，多了学生的自主；只有当一个班的班级事务决定权从老师手上转到学生手上，班级进入学生自主管理状态时，这样的班主任才有资格成为辅导员。

接下来，其他学生七嘴八舌地介绍了他们各自的见解。总之，一句话，他们高一（10）班已经完全具备了这样的资格。

孩子们真是太聪明了！

从此，在我们原来班主任职务的四个级别中，又增加了一个新的也是最高的级别——辅导员。

表面看来，这只是一个名称的变化，但这一变化意味着留给学生更加广阔的自由呼吸的空间。让学生拥有更大的自主权利，形成更浓郁的民主氛围，是对学生主体地位更真切的尊重。

看，第一位辅导员、全国模范教师徐永清笑得多开心

"我就是代理班主任！"

1999 年 6 月 8 日，邵桂芳副省长到高密一中考察。

他考察得非常仔细，用了整整一个上午的时间。

来到学生自修室的时候，他显得更加兴奋。他逐一了解学生的学习、家庭情况，到李蕾同学桌前的时候，李蕾桌子上的一个文件引起了他的兴趣。

那是学校印发给各位班主任的《关于举行德育年会的通知》。按说，只有班主任才可能有这个文件。

邵副省长很奇怪："《关于举行德育年会的通知》怎么会在你手上？"

"因为我们班主任老师到济南开会去了。"李蕾很有礼貌地站了起来。

"班主任开会去了，那也该交给代理班主任哪！"邵副省长说。

"我就是代理班主任！"小小的李蕾，大大的口气。

其实，在我们学校，只要班主任外出，学生自然就担起班主任的担子，自己的事情自己做，他们已经形成了习惯。

"太好了！太好了！"邵副省长的几个"太好了"感染了学生，李蕾进一步向他介绍了他们班一些更加神奇的管理方式，他直夸李蕾："人小志高哇！"

从自修室出来，邵副省长非常兴奋，像是年轻了许多，看到篮球场上学生们正在打球，他呼地跑上去，加入他们的行列……

后来，李蕾考入南京大学，2000 年 10 月 11 日她在给我的来信中写道：

李老师：

您好！

我现在已由南京大学考取了香港浸会大学，将于明年 1 月份赴港学习，同时领取全额奖学金。学生将在香港修读本科课程 3—5 年，之后打算出国留学。

"我就是代理班主任"

来南京大学后，我发现，由于母校各种活动特别多，我对大学校园并不陌生，一切很快就适应了。我为母校感到骄傲。在与我联系过的同班五位同学中有四位担任了学生干部，可见您倡导实行的教育方法是卓有成效的。

我会记住您的告诫，"面要宽，专业要精，要跟踪学科最新发现"。学生定会铭记在心，立大志，从眼下做起！

我坚信，这样的孩子，无论在什么样的环境下都能很快地适应，无论面对什么样的挑战，都能勇敢面对！

2 / "为四十岁做准备"

让学生成为我的同盟

1995 年 9 月 1 日，是我调到一中的第一个开学典礼。

面对新的学校、新的老师、新的学生，我该讲些什么？

我知道，这个时候，许多家长希望听到校长有关升学率的表态：用几年时间，使升学率达到一个什么水平。这可能是一位校长站稳脚跟的基石。当然，我也同样需要这样一个基石。

但这样一个基石，在我看来，应该是水到渠成的结果，而不应该是刻意追求的结果。

当时，全社会把高考升学率炒得如火如荼。大家似乎都十分清楚让我到一中的原因，他们期待的目光使我充满了压力。

怎么办？如果单纯去迎合人们的胃口，把学校办成一些人推崇的"文明监狱"，仅仅把升学率抓上去，其实并不困难。问题是，我的教育理想决定了我不愿意这样做。我要探索的是，在高中这样一个推行素质教育的"雷区"里，究竟能不能既着眼于全面提高学生的素质，又不降低学生的升学成绩；究竟能不能让学生在高考的重压下自由地呼吸，自由地成长，全面地发展。

可能会有风险，但探索的价值就在于此。

一眼就能看到的成功，缺少让人挑战的魅力。

开学典礼前，悄悄地，我已让这样一些教育格言出现在学校的文件里，有些还被制成镜匾，挂在校园显要的位置——

"教学大纲、教科书规定了给予学生的各种知识，但是没有规定给予学生最重要的一样东西，这就是幸福。我们的教育信念应该是培养真正的人！让每一个从自己手里培养出来的人都能幸福地度过自己的一生。"这是苏霍姆林斯基的话，我第一次读到这段文字的时候，它带给我的震撼到现在我还记忆犹新。

而别林斯基的话则更加平实："我们会成为木匠，会成为钳工，会成为工厂主，但会不会成为一个人——这还是一个问题！"

可是，我不能以向老师和家长讲道理开始我的管理。我要找一个突破口，首先向学生"倒卖"我的教育理想。我相信，青春年少的孩子们一定是我强有力的支持者。

在开学典礼上，我没有多说什么，而是以"为四十岁做准备"为题，讲了一些成功学的案例和人生哲理。

我给学生们算了一笔人生与社会发展的账，从现在开始，到他们四十岁，还有二十年的时间。二十年往往就是一个时代，社会对人才的需求往往也会发生一些较大的变化。基于二十年后将是全新的生命科学时代的考虑，我们今天的生物课就不应该因为高考不考而放弃；二十年后到东京也许就会像到北京一样方便，在今天学外语的黄金年龄，我们就完全有必要腾出一点儿时间学一学第二外语……

学生们显得兴奋异常。看上去，他们的确被感动了。

而老师们却并没有特别的感觉。在一些人看来，这也许是校长别出心裁的一首散文诗罢了。读过之后，束之高阁，至于当家过日子，还得另当别论。

开学典礼就这样有些平淡地结束了。但我在心里，却把它当作了一个不平常的开始。因为从孩子们兴奋的脸上，我已经找到了信心和勇气。

哪里闪光就打造哪里

开学典礼刚过没几天，就有三位家长相继找到我，为的都是同一件事：孩子们自己组织了一个足球俱乐部，都已经玩疯了，学校也没人管他们，这样下去可怎么得了！

我问他们：希望学校怎么管？三位家长开的是同一个药方：取缔这个俱乐部，让他们安心学习。

我又问了家长一句："取缔了俱乐部，他们就一定会安心学习吗？"

"那到底该怎么办？"家长们焦虑起来。

其实，我心里也没底。只是，我隐隐感觉到，取缔俱乐部不是治本之策。

怎么办？还是到孩子们中间去吧。

课外活动时，我来到足球场，却见不着一个足球俱乐部的学生；来到体育教研室找他们的足球老师，他也不在校园里。

原来，为了避开学校和班主任老师更多的干预，他们索性不在学校训练，而是转到市体育场去了——在那里，他们可以尽情地过把足球瘾。

骑上自行车，我来到市体育场。果然，俱乐部的队员们正在跟一家企业的球队比赛。看样子刚进行到上半场，孩子们一个个情绪亢奋，全然不知道校长已来到他们身边。

比赛快结束的时候，足球老师发现了我，显得有些窘迫。我微笑着问他：为什么不让俱乐部的学生们在学校的操场上训练？为什么不把他们纳入校队？为什么不让他们在全市搞几场邀请赛？

虎虎生威的足球队

　　这一连串的"为什么"，把足球老师问得激动起来。他什么也没说，扯破嗓子喊来队员们，待他们弄清楚是怎么回事，一个个都跳起来，那样子像是得了世界杯冠军。

　　且慢！不要高兴得太早。我又向他们传递了家长和老师们的担忧。

　　学生们一个个面面相觑，不知所措。

　　我告诉他们，今天不要他们的答案，给他们一个星期的时限，给我一个两全其美的回答。

　　没用一周时间，第二天，几个队员就闯进我的办公室。他们是带着材料来的，材料封皮上是大大的四个字——"约法三章"。

　　第一条　练球要在课外时间进行，不能耽误学校的正常活动。

　　第二条　俱乐部队员必须严格遵守学校的一切规章制度，如有违反，将视情节轻重给予停练甚至开除出俱乐部的处罚。

第三条 每位队员都要正确处理训练与文化课学习的关系，学习成绩如有下降，必须停赛补课，直至成绩赶到应有水平方能继续参加训练。

内容不多，却条条管用，既实在，又容易操作。看来，还是他们自己了解自己，对他们最大的惩罚竟然是"停止训练"。

有意思！

家长们不找我了，班主任也放心了。这期间有的队员学习成绩下降了，就严格按规矩停止训练，他们十分认罚，而且，学习成绩也奇迹一样赶上去了。

一些老师开始有点儿佩服我的胆识，开始相信学生确实有了不起的潜能。

接下来的一件事，也就是郝铁军同学的转变，让大家更加震动。

郝铁军是以260分的成绩进入学校的，他当然不够学校的录取线，之所以破例录取他，一是因为他的书法老师极力推荐，二是因为他的父母都不在身边，他一个人在高密读书。可不承想，到第二周，在校园里就找不到郝铁军的影子了。原来，他躲到一个书法训练班里写字去了。开学十几天，把他困在教室里，除了写作业就是考试，一天不写字就手痒得不行的他，怎么受得了这种约束！

有人提出不要他了，因为十几天的学习生活都不能忍受，要熬过漫长的三年高中生活，对他来说肯定是个神话。

退学，让他去干他喜欢的事吧。

我们的特长教研主任范天林听说此事，阻止了这个"甩包袱"的决策。他把郝铁军带到了学校。

一个喜欢写字的孩子，为什么偏偏不喜欢学校？是孩子出了问题还是我们的学校出了问题？

当时，学校的报告厅正在维修，大牌子需要请人题字。我想，人选有了，就是这个郝铁军，我见过他写的字，蛮像回事。

报告厅的大牌子挂上去了，草书中带着一点儿王羲之的风韵，谁见了都要问一问作者，都以为这个郝铁军是著名书法家呢！实际上，我们不就是在创造书法家吗？

这一招还真见效，郝铁军不逃学了。

然后，我们让他牵头组建一个书法协会，把全校的书法爱好者组织起来。会长就是这个郝铁军。

慢慢地，郝铁军把高考目标锁定为中央美术学院。但是，同时他也了解到，中央美术学院的文化课成绩要求并不低。

他开始找老师们，在数理化的学习上发愤图强。

哪里闪光就从哪里打造。

内在的动力决定着人成长的速度。郝铁军就这样开始了他自强不息的奋进旅程，而且，用他的变化感动着周围的老师和同学。当然，三年以后，他果真考入了中央美术学院。这个时候，人们反而不再惊讶了。

学生踢踢足球、练练书法，并不会影响升学率，大家心里松了一口气，许多老师的胆量也开始大起来。

"七色光摄影协会"在政治老师李强的"撺掇"下成立了，利用假日他们竟然去青岛采风了，回到学校展出的作品叫人叹服。

演讲团更是出人意料地由体育老师李同清领衔。这之前，谁都不会相信，那个跳远高手竟还有这两下子。而且，他们还别出心裁地搞了一个"天天开放辩论厅"，一个论题可以整整辩论一个星期。

记者团更是把阵地拓展到了市人代会，那气质、那神态、那老练劲儿，使人大代表也搞不清楚真假记者。其实，小记者们的采访也同样制成了节目，不过是在一中的滨北电视台《社会经纬》栏目里播放罢了。

原先学校每次的电视节目制作，都要把学校唯一"科班出身"的刘传勇老师忙得不可开交，可一旦它变成了学生可以选择的课程，就呼啦啦涌出一大批心灵手巧的少男少女，几天工夫，编辑机前竟有了不少指手画脚者，俨然是老牌编辑了。刘传勇老师当然也一下子被解放出来了。

看来，素质教育和考试成绩并不是水火不容的，当一个孩子的素质真正得到全面发展和提升时，考个好成绩应当是水到渠成、自然而然的事情。

校训也搞"股份制"

1996 年春天，高密一中的教代会、学代会一块儿开，其中一项议程就是修改校训。

不是原来的校训有问题，而是它与学生有距离。

校训就写在学校大门口旁边的墙上，可就是走不进学生的心里。如果你问起校训来，好多学生还要跑到大门口看上几眼才能告诉你。一届一届的学生入校又毕业，就是没有几个学生记住了校训，这叫大家很是苦恼。

也难怪，校训实在太一般化了，"无私奉献，艰苦奋斗，克己奉公"，不说千人一面，起码也是缺少个性。

会议还没正式召开，不少代表就开始酝酿校训的草案，大家不约而同地相中了那句"为四十岁做准备"，也就是我在开学典礼上做报告的题目，他们希望用这样一个与众不同的校训激励学生。

但是，我不想因为校长的权力因素而影响大家的选择，必须把校训变成"集体财产"。我想到了"股份制"。把校训"股份制"，成了教代会、学代会上的一项重要内容。

首先，在全校征集校训的释文。

在一千多份校训释文中，大家选中了语文教研室曹鸿鹤老师的散文诗。

十八岁是美丽的，而人生旅程中最绚丽的一页却应在四十岁时翻开。不要说四十岁有多么遥远，二十年其实是弹指一挥间。虽说四十岁就在眼前，但二十年的时间跨越足以让我们眼花缭乱。虚度今日，等待你的将是无穷的悔恨和遗憾。追寻先贤成才路，在浩瀚人世间，我们定会发现，四十岁的辉煌来自十八岁的志向和二十年的血汗。珍视你拥有的青春年华，好好地把握现在，才能真正赢得未来，才能将你如日中天的四十岁勾画得绚丽灿烂！

当然，这篇富有诗意的释文，已经加进了许多老师、学生的智慧和灵感。

然后，我们又搞了一个"给校训找100条理由"活动。师生们你10条、我8条，最后竟然汇集了几百条。我们对这些"理由"认真筛选整理，把内容和作者公之于众，使其成为学校博物馆的"一级馆藏"。而作为作者的师生们，理所当然地成为校训真正的"股东"，他们的认同感、归属感、向心力自然也就有了。

这样，校训就不再是一句口号，它已经内化为学校每一个人的生命动力。虽然我不敢说它是最好的校训，但它是属于我们"自己"的。它为高密一中的发展注入了新的活力，就像空中飘扬的一面鲜亮的旗帜，鼓舞着一届又一届学子向人生的至高境界攀登。

1999年入校的张晓菲，2002年以662分夺取山东省文科第一名，被北京大学录取。离校前夕，她告诉学弟、学妹们：

大门前醒目的"为四十岁做准备"的校训，每一天都在提醒着我去体验奋斗的充实、快乐，去体会青春的真正含义；自修楼内丰富的藏书，于潜移默化中增长了我的见识，开阔了我的视野；恩师们渊博的知识、正直高尚的人格，更使我无论在知识上还是在做人上都受益匪浅……

几个字的校训，在学生的心灵上刻下了如此深的痕迹，真是出乎意料。我

高密一中校训：为四十岁做准备

认真想想，觉得主要有两个方面的因素起了作用。一是校训的个性化。有个性才有魅力，有个性才有生命力。二是它是学生自我认同的结果，不是老师强加给学生的。只有自己认同的东西才能转化为生命成长的动力。

给学生创造更多的"第一次"

1996年9月的一天，我到高二（5）班参加一个由学生自己组织的主题班会。

一名女生站在讲台上，显得异常局促，她的脸红到耳根，声音微小而且打着战。她清了好几次嗓子，说："同学们，请大家原谅我，因为这是我自上学以来，第一次面对这么多人讲话。"

第一次！太不可思议了。

　　11 年的学校生活，11 年的成长，她竟然是第一次在公众场合讲话。如果再这样混过一年，在整个中小学教育中她就有可能连这个"第一次"也没有了！

　　太可怕了！但这却是无法回避的事实。

　　我们给学生创造的"第一次"机会实在是太少了，许多学生只好走到社会上再去完成人生的"第一次"。这是教育的失职！

　　此时，学校艺术节刚好要组织"招标"，我想，让学生把主题确定为"尝试'第一次'"不是挺好的吗？中标班级的学生也蛮喜欢这个创意，于是就这么确定了。

　　结果，这个"尝试'第一次'"的主题，使艺术节上净是些"意外的收获"。

　　先看一眼高二（1）班李大为的一篇日记。

　　艺术节是件挺叫人高兴的事，可我们班中标的项目却叫我有些失望。开餐馆？太没有挑战性了！做饭、炒菜，真没劲！

　　哎，艺术节的主题不是"尝试'第一次'"吗？我也弄个"第一次"干干。对了，当采购！餐馆的采购员应该算是个重要角色了，蹬上三轮车，在市场上与小商小贩们砍砍价格，多神气呀！

　　角色定下来，餐馆的老板找碴儿来了，给我们来了个"三不得"：供菜时间不得晚于早上 6:30，各类菜价不得高于批发市价，从市场到餐馆损耗不得高于 2%。

　　要买批发价的菜，那就必须到批发市场去。我们到市场上一打听才知道，批发市场是 4 点钟上市，5:30 就全撤离了。要买到批发价的菜，肯定要在 3 点半以前起床。可我们几个全是"叫不醒"的大懒虫。

　　机械钟加电子表。闹钟把爸爸、妈妈全吵起来了，就是没有叫醒我，幸亏爸爸手劲大，扯着耳朵，拽着头发，才把我弄了个半是醒来半是睡。蹬着三轮车走到半道，我好像还在打呼噜呢。

　　市场上人头攒动，我从来没想过，比太阳早起的人竟然是这样多。原来只是从歌词里知道，环卫工人好像起得很早，想不到卖菜的比环卫工人还要早，这样推测一下，菜农们还不知多早就要下地收菜了……

菜买回来，到餐馆里一交货，问题就出来了。先是短斤少两，把规定的2%损耗减去，还少了12%；然后就是菜的质量不好，用经理的话说，有些菜像茼蒿、芹菜，已经老得牛都不能吃了。

经理说两句也就罢了，大厨、二厨也插进来，"西北风里加蒺藜"，直把我们几个搞得脸红耳热，但又奈何不得。人家说的也确实有道理，成本在第一道关口就抬上去了，下面的经营难度就大了，没有价格优势，要想招揽顾客，必将是难上加难。

这个"第一次"，教训实在是太深了，经理、厨师们，给我们机会吧！看我们明天的第二次！

当然，第二次采购也并不尽如人意，却避免了好多第一次的错误。

也是在这个艺术节的"美食一条街"上，有一个摊位格外引人注意，有四个人高马大的男生守着一个茶水摊在卖大碗茶。

大家都感到非常奇怪，每一个摊位都是学生自己投标选择的，他们四个身强力壮的男生怎么会选择这么一个项目？

我走过去问他们，才知道这几个学生将来打算经商，现在想借这个机会研究一下经营方略，尝一尝做买卖的滋味。他们告诉我，四个人总共凑了18块钱买茶，水是从学校锅炉房免费打来的。两天下来，口干舌燥，尝遍了酸甜苦辣，总共才挣了16块钱。过去，家长叮咛，老师告诫，说钱来之不易，虽然嘴上不说什么，可心里并不服气，私下里想：现在不过是花你们的钱罢了，将来挣钱了，一挣就是个"万元户"，什么十万八万还不是滚滚而来。现在看起来，钱还真的是来之不易！

我们家长、老师苦口婆心地说了十几年，可孩子们并不买账。而"第一次"

体验，却叫他们终生难忘。

在后来的艺术节上，学生连工商局、税务所、技术监督局和银行营业室都组织起来了，一个个高中生摇身一变成了局长、会计、化验师……

有了尝试"第一次"的经历，学生开始自己去寻找"第一次"了——

有一天，我偶然发现了一名女生的周记——《让座后的目光》。

这位学生写了自己在返校的公交车上给一位抱孩子且身体有残疾的妇女让座的故事。她在日记中写道："这是我第一次给别人让座，尽管从小学开始老师就教我们助人为乐，但直到今天我才真正理解了助人为乐的真义。因为当我站起来的时候，我明显地感受到了满车赞许的目光，甚至感受到了身后目光的灼热，喉咙里有一种热乎乎的感觉。以前老师在课堂上讲学雷锋，该给别人让座，但我从来没有什么感觉，也从来没让过座。今天我有了这种感觉，以后再面对让座的时候，我再也不会无动于衷了……"

人生是由无数"第一次"组成的。在学校生活中我们应尽可能多地给学生提供"第一次"体验，尽可能地让学生主动寻求"第一次"体验，这样的经历会影响学生一生，这样成长起来的学生可以更好地适应未来的时代和光怪陆离的社会。不要把这些都留到学生踏上社会之后。那样就意味着我们的教育使命没有很好地完成。

戴警帽的男孩儿

1995年新学期，有两件事情引起了我们的关注。

一件是对刚刚毕业的高三（4）班学生填报高考志愿的汇总。因为班主任是一位颇受学生爱戴的化学老师，她的影响使全班60％的学生填报了与化学有关的志愿，接近一半的学生希望学医，而且，一位手有残疾的女孩儿竟然也填报了医学院，希望将来能做一个外科医生。

另一件则是关于高一（8）班一名戴警帽的男生小楚的。

正是新生军训时，校园里冒出了一个戴警帽的男孩儿，鹤立鸡群不说，他还专找人多的地方招摇过市。德育处的老师找他谈，谈崩了，在他看来，穿衣戴帽，各有所好，这是他的自由。

班主任老师找到他，才弄明白事情的原委。原来，他舅舅是一名警官，他姑姑是一名警察，他特别佩服他们两位，决心将来要做一名令人羡慕的警察。所以，他偷偷地把警帽拿到学校，想提前过过警察瘾。

真叫人哭笑不得，可这里面似乎有值得我们思考的东西。

我希望把这两件事联系起来，引发大家的思考。于是，一个问卷调查开始了，是关于学生对未来职业选择的，我们让学生在问卷中回答：你喜欢、你欣赏、你希望从事什么样的职业？你了解哪些职业，它们都有什么特点？你的家人从事什么职业，你喜欢这些职业吗？

汇总出的结果叫我们不敢相信，而学生选择职业的理由则更加让我们担心。

首先，我们发现，70％以上的学生不喜欢父母的职业，更有近90％的学生明确表示，决不会循着父母的道路"重蹈覆辙"。而理由呢，基本上全是父母的职业太辛苦了。

那他们都喜欢什么呢？做歌星，当老板，干导游。

做歌星、当老板好理解，那么多学生喜欢干导游又是因为什么？

我找来了调查问卷才发现，原来他们的理由很简单，就是导游能够"走遍全中国，周游全世界"。原来，孩子们把导游当成游客了。他们看到的，只是导游风光的一面。

为什么会这样？其实，道理也很简单，我们什么时候给他们提供过体验不同职业的机会，什么时候帮他们研究过人生规划？他们不过是从媒体上片面地了解了一些关于职业的皮毛，所以，对有关职业选择的一些深层次的东西不可能有所体验。

组织一个活动，让他们体验去！

市里刚刚修了一个新公园——凤凰公园。选星期天让他们当导游、做警察去。学生自愿报名，报名的几百名学生分批前往。

第一个星期天，就有30名"导游"和12名"警察"上岗，他们带着自豪和兴奋去上班，一天下来，却溃不成军。

导游小卞在《我的导游梦》里记下了她一天的感受。

昨天晚上，我一直没睡好，因为我马上就要成为一名导游了，在全校200多名报名的同学中，我被首批选中到凤凰公园当导游。

带着游客走进三贤祠、凤凰阁，自豪劲儿没有撑多久，就被烦躁和无奈取代了。每一个景点都说着同样的导游解说词，看了十遍的景色还要再看，而且还要向游客一夸再夸，千夸百夸，谁能有这样的耐心哪！烦！烦！烦！

原以为当导游就可以走南逛北，既随意，又潇洒，没想到根本不是那么回事。公园的导游老师告诉我，导游是最不能够随意游览的人了。因为一到旅游旺季，根本就脱离不了岗位，而自己能到的地方，就是你所在的导游区的景点。走南逛北的是游人，而不是导游。

而那个戴警帽的小楚，则在给他舅舅的信中说：

……原以为，当一名警察是挺神气的事，在别人面前一站，那威武劲儿就甭提了。可是，当了一天"警察"，我才明白，远没那么容易！

当警察什么人都有可能遇到，好多人根本就不跟你讲道理。还有好多人把警察当成万事通，什么事都去找你，什么事都来请教你。一天下来，我算了一下，有 87 个人跟我打过交道,我能够应付得人家满意的,不过三分之一,这也太不像话了!看来,只会个三拳两脚,是根本当不了警察的。

体验,只有体验,才能让学生有这些刻骨铭心的东西,才能让学生有这些属于他们自己的思考。

然而,我们让学生两耳不闻窗外事,一心只学 ABC,把课堂越搞越小,把知识越圈越窄,就只剩下那点儿可怜的书本知识了,从这样的校园里走出去,学生怎么可能适应社会,怎么可能塑造美好的人生呢?

当时,学校办公室正在筹划"校友业绩展"。何不把筹划过程交给学生?让他们采访老校友,介绍老校友,用老校友的业绩激励自己,更加重要的是,让他们深入地了解老校友真实的生活,看一看过去不曾看到的东西。

清高得出名的高二学生小田,采访的是她的爸爸——一位出类拔萃的乡长助理,在一中读书期间他曾经是校学生会的干部。说实话,过去她有点儿瞧不起爸爸,比起有些同学的家长,乡长助理实在是一个芝麻官,她感觉有点儿丢人,不仅从不在同学们面前提起爸爸,而且还发誓决不做爸爸那样的工作。到爸爸所在的乡镇采访,接触了当地的农民伯伯、阿姨后,她慢慢明白了:"爸爸是在用自己的满腔热情,点燃农民的致富之火,是在用生命来换取农村的富强!"

"我的假日创业经历"则是我们着力开发的另一项工程,想不到出现了一大批创业明星,他们在周记里描述的那些曲折动人的经历,真可以和商海里名流巨贾的创业史相媲美。叫我们想不到的是,杨广生他们几个搞起的"七个小矮人"学生用品公司,竟然一直持续到他们高中毕业,又持续到他们大学毕业。

更让我们看重的是,了解演变为理解,体验改变了不少学生的人生价值观。一年后,在我们搞的又一次同样的职业问卷调查中,学生的选择叫我们兴奋不已。

商业街上的"卖花姑娘"与"音像店员"

3 / 管理，组织才华与塑造才华

让老师们的智慧用在哪里

1995 年暑期，开学不久，一次学生问卷调查引起了我的注意。在"我最爱戴的老师"评选活动中，学生爱戴老师的理由与我们学校"官方"的标准形成了巨大反差。

学生的理由很集中地突出表现为以下五条。

1. 尊重信任学生。

2. 公正地对待每一位学生。

3. 知识渊博。

4. 善于与学生交流。

5. 有幽默感。

我再拿出长期以来我们认定教师的标准，前五项条款竟没有一条与学生爱戴老师的理由重合，这五项条款如下。

1.教学成绩突出。

2.工作兢兢业业。

3.业务熟练，基本功扎实。

4.关心热爱学生。

5.备课认真，作业适量。

这些条款，是我们坐在办公室里拟定出来的。很明显，这些坐在办公室里拟定的标准仅是一个重视成绩、重视结果的标准；而学生更看重的，则是与他们的生存状态息息相关的东西。

由此审视我们的各项规章制度，发现每一个改革方案的出台、修改，还是站在我们的立场上思考问题，用我们的脚去为孩子们定做鞋子。

让老师们的智慧用在哪里，要靠我们的制度引导。首先，我们以问卷调查为契机，修订教师评价标准。"我最爱戴的老师"评选标准当然应该来自学生。

我们先让全校学生拟出自己心目中好老师的标准，不做任何引导，不带任何框子，他们写一条不嫌少，拟上十条、二十条也不嫌多；汇总之后，从最为集中的条款开始，选择三十条交还给学生；每一名学生再从中选择自己认为最为重要的十条；然后再予以汇总，把学生选择最为集中的前十条确定下来；再一次发还给学生，让他们把这十条按自己的标准予以排序；我们再根据学生排序的情况，确定不同条款的不同权重。

这样，一个完全来自学生的评价标准就产生了。

把积极性引向何方

1995 年暑期，高密一中开始研究学校内部体制改革方案，我首先想到的就是如何解决积极性过度膨胀的问题。

原来在四中的改革给了我信心，也给我留下了深深的忧虑。表面上"热火朝天"，背后往往酝酿着潜在的危机，我们必须把问题消化在造成危害之前。

我们首先还是想到了机制。一个好的机制，往往有一个好的导向，只要建立在以学生为中心的价值观上，这个机制就大有可为。

我们的聘任制有意区别于原有职称，规定了十个不同级别的教师职务，即见习教师、三级教师、二级教师、一级教师，初级骨干教师、中级骨干教师、高级骨干教师，副主任教师、主任教师、特级教师。每个职务要履行相应的职责，如热爱学生、有较好的师德修养、熟悉本学科教学大纲、明确教材内容及各部分的联系、担任一门课的全程教学任务等十项职责，为教师的基本职责。在此基础上，每多完成几项更高要求的职责，即可高聘一级。重要职务的聘任有特殊规定：应聘初级骨干教师以上职务者，必须能够开设一门选修课，或指导一个兴趣小组；应聘副主任教师以上职务者，必须能够主持一项教育科研课题，并取得一定的研究成果。分配制度与聘任制度相对应，职级不同，报酬不等。

这个方案最大的特点是把教师的积极性导向了对学生的尊重和教师自身全面素质的提升。譬如，在双向选择的聘任中，如果你希望自己被聘为较高的级别，你就必须赢得学生更多的信任，你就必须主动增加自己的"含金量"。我们在聘任方案中规定了每一个级别职务的基本职责和素质指标。其中第一项就是学生信任投票的多少。

例如，我们的教师职务有十个级别，如果你希望被聘为初级骨干教师，那么除了要全面履行教师职务的十项基本职责之外，还要达到六条具体要求，其

青年教师而立研修班

中第一条是"师德修养较高,品德、言行受到大多数学生的好评"。

　　这比较笼统的要求,具体如何操作呢?就是在每学期一次的"我最爱戴的老师"评选活动中,你必须得到80%的学生信任投票。如果你希望在下一年度的聘任中职务能再提高一个级别,那这项指标便提高到85%。这样,热爱学生就不再仅仅是一所学校提倡的职业道德方面的美德,而成了一个工作职责的基本要求。

　　第二条是"正在担任或过去曾经担任过班主任工作"。这一条的设定则是出于我们非常现实的考虑。因为在学校工作当中,班主任工作既是十分重要的,又是非常辛苦的,属于那种出力不少、讨好不多的工作,所以大部分老师不愿意干这苦差事。但是大部分老师却希望自己能得到一个较高级别的职务,这样,我们就把这两件事连在一起。我记得第一次用这样一个机制进行聘任的时候,有95%的老师希望能担任班主任,这个数字是改革前的三倍多。

我们遇到的另一个问题就是，怎么切实地把教师的积极性从追求占有更多教学时间引导到追求课堂教学效益上去。张作栋副校长研究的"权重衡量法"，较好地解决了这一难题。

当时，不少学科老师片面强调自己的困难，在课程表规定的时间之外，总想再占用学生的自主时间。在他们看来，抓到了时间，就有了质量保证。而且，在一些人看来，争时间，似乎还裹着一层积极性的外衣。

"权重衡量法"从根本上给了大家一个提醒。它规定，如果在课程表之外占用学生的自主时间，就要根据占用时间的多少，扣减老师的部分工作量，相应地，也就降低了工作量工资。因为你没能在规定时间内完成规定的教学任务，你以牺牲学生的时间为代价去完成本该在规定时间内完成的任务，当然要扣减你的薪酬。

这样一来，在高中学校常见的教师争抢时间、学生加班加点的现象自然消失了，人人都在努力研究教学方法，提高课堂教学效率。同时，大家也明白了一个基本道理：不占用学生的自主时间是尊重学生的最基本的要求。

寻找工作量与"实效工时制"

1995年人事制度改革完成之后，我们明显地感觉到，从事行政工作的职员的聘任制搞得不成功。推行聘任制不仅没有很好地激发后勤管理人员的活力，甚至从某种意义上说，整个聘任办法颇有点儿鼓励落后的意思。

过去，对职员的使用与评价，往往同教师混在一起。不管什么岗位，统统聘为教师，食堂管理员、仓库保管员甚至司机都以教师身份出现。职与责不符，责与利无关。由于名不副实，老师们有意见；由于职称偏低，职员们也没有积极性。

　　在聘任过程中，图书馆爆出冷门，只有 4 个岗位编制，却有 23 位老师把图书馆的工作作为自己的第一志愿。毕竟图书馆的工作既体面，又轻松。那个时候，我们还没有推行开架阅览，晚上不需要值班。

　　而教务科的岗位却没人填报，3 个编制，只有 1 位老师填报了，而且还是第三志愿。教务科的工作也太让人烦心了，天天跟人打交道，整天费尽口舌不说，晚上还要值班，报酬却并不比别的岗位多。

　　尽管我们通过做工作，进行行政调配，把所有岗位都摆平了，但许多人心里窝着气，积极性当然受到极大影响。

　　1996 年暑期，我们再来研究职员聘任时，分级聘任就被提到了议程上。

　　我们首先将职员与教师职务分离，然后根据各职员岗位的工作性质、素质要求、技术含量高低、劳动强度大小等，将职员岗位划分为八个级别，实行八级职员聘任制，岗位不同，职级不同，报酬不同。

　　对职员的聘任实行双向选择、竞争上岗的办法，聘期一年。学年初，学校根据各部门的需要设岗，根据各部门设岗的情况确定职级总数。增人不增职级，减人不减职级。因此，部门负责人在聘任时除了考虑申报人的思想素质、业务能力、工作实绩外，还要考虑应聘者申报的职级数。第二年的聘任参考上年度的考核情况，工作成绩显著的职员可以在新年度聘任中提高 1—2 个职级。被聘为高级职员的享受与高级教师相等的待遇。

　　针对职员工作工种多、工作难以量化的特点，我们在部分岗位中又推行了"寻找工作量"的"实效工时制"。

　　"实效工时制"就是要求职员自己寻找工作量，譬如一位维修工人，除了根据技术、工龄、岗位确定的基本工资、岗位工资外，工作量工资、业绩工资完全取决于自己到校园里去"寻找"的工作量。哪一个教室的玻璃破了，哪一个办公室的门锁出了毛病，谁维修，就算作谁的工作量，与责任单位——或者学生，或者老师签订协议，工作量就基本到手了。那么责任单位会不会损公肥私，给维修人员甜头？不用担心，因为维修经费已经和他们包干儿，一旦他们签出了维修确认单，维修人员就可以凭单子去财务处从他们的包干儿经费中支取自己的工作报酬。所以，我们经常会遇见一些责任单位与维修人员签约的时候"斤斤计较"的场面。

小改革激发了大活力，后勤服务效率大大提高，服务热情也非常高涨，校园里一派勃勃生机。

开发课程与开发自己

1997年，学校新分配来一名学法律的大学生小解。

小伙子法律业务很棒，在大学期间已取得律师资格，人也勤恳。我们除了安排他做学校的法律顾问之外，还让他教一门法律选修课。但即使这样，他的工作量还是不足。

为了补上他不足的工作量，教导处又挖空心思为他找了一块工作量，给数学教研室管理教具。

数学教具本来是数学老师自己管理的，尽管办公室里显得乱一些，但使用起来却非常方便，而且多少年来，也并没有因此而丢失多少，即使有一点儿损耗，老师们也会发挥各自的能量，动手做一些，找别的替代一下，总是想办法解决得很好。

这下好了，来了一个专管教具的大学生，把数学教具统统收起来放在一起，谁要用什么，还要填写领用报告单，到他的办公室去领取。一旦他上课去了，或者因为法律事务外出了，这教具就用不成了。这不是人为地自设藩篱吗？

数学老师不高兴，小解也打心底里不希望干这样一个没有什么技术含量的

政治课上开起了"模拟法庭"

活儿。

两方不情愿引起了教导处老师的注意。他们找小解一谈，小解提出了建一个"模拟法庭"的构想，他想用自己的专长带学生搞一个"模拟法庭"，既从社会上选取一些案例进行审理，同时也把学校里发生的一些矛盾作为他们审理研究的对象。

好主意！这个工作远比管理数学教具更具有挑战性，其工作量也大得多，而且这是"我要干"的工作，小解显得十分踊跃。

后来的情况，叫我们十分欣慰。"模拟法庭"从一开始就红红火火，到最后竟火爆到局面难以控制，希望参与的学生太多，以至于不少学生要费不少周折，甚至"走后门"才能当上"模拟法庭"的"法官"、"律师"、"辩护人"，就连当"被告"都是心甘情愿的。

这样一来，学生的演讲能力、思维能力大大提高了，而且法律知识也在学生中普及了，这块工作量在教育天平上可远比管理教具重得多。由解老师这样一个典型的个案引申开去，我想，在教学工作中我们一直在研究变学生的"要我学"为"我要学"，在管理工作中"要我干"向"我要干"的转化不也同样重要吗？

开发课程，实际上是开发自己。

教师要创造性地承担自己选择的工作，就必然要殚精竭虑地开发自己的潜能。从某种意义上说，这又是提高教师素质、培养个性化教师的有效途径。

后来，学校出现了一大批从未有过的新课程，包括地理双语选修、心理系列辅导，都是在这样一个背景下开发出来的新型课程。有一位老师还创造出一个全新的学生管理机制——松散型班，这对我们的因材施教是一个机制上的突破。同时，也冒出一大批各具特色、小有影响的名师。像在全国中学摄影界小有名气的李强、从教三年就出版了两部中学生心理健康教育专著的王玉兵，都是在这样一个背景下产生的。

牛同马赛跑，当然会是牛输。但牛的失败并不证明牛无能，反倒证明了让牛和马去赛跑的人无知。

建设校外导师团

随着课程体系的完善，特别是选修课、活动课的开设，师资已经成为制约课程建设的"瓶颈"。校内已经没有办法解决了，我们只好把眼睛转向校外。

我们开始寻找放错了位置的财富，让社会上一些优秀人才通过自我开发，成为学生的导师。

有一位搞木雕的老艺人，他开的雕刻厂因亏损而倒闭，他也因此下岗多年而无所事事。

一位曾经在海军舰队当过日语翻译的老军官，返乡安度晚年，全村几乎没人知道他精通日语。

学生与校外导师在一起

　　还有一位布鞋厂的工人，在车间很不受欢迎，因为他的工序上老出次品，影响全车间的质量。可人们却不知道他辉煌的历史——他曾是全市少年乒乓球冠军和市民乐队首席。可是在市场经济的今天，这些似乎都"不能当饭吃"了，他在工厂里自然也就得不到人们的尊重。

　　……

　　这些人后来都成了我们学校选修课和活动课的重要师资，而且培养出了大量优秀的学生。再后来，我们成立了一个学生校外导师团，把市里许多优秀的人才集中起来。这些人好比蕴藏在地层深处的宝贵的石油，我们把他们开采出来，使其成为学校的一笔宝贵财富。当然，社会上许多资源后来也成为我们学校课程的教材，如大昌纺织董事长刘德昌的创业经历、著名作家莫言的成长故事……

　　松下幸之助在《经营人生的智慧》一书中说："世界上没有任何东西，是没有一点儿用处的。我们认为它无用，只是因为我们还不知道活用它的方法而已。黄金这东西，对小猫是一点儿用也没有的废物，然而对熟知如何使用它的人类来说，黄金乃是人世的大宝。用人更是如此。"

用好"制约"这把双刃剑

1996 年春天，因为检查备课手册，教务科的小赵与数学教研室的老杜发生了口角。

老杜是"文化大革命"期间毕业的大学生，在学校算得上老资格。而且，单论数学教学，他在全市不说坐头把交椅，起码也可以坐二把、三把。

小赵呢，原来就是数学教师，因为讲课不那么受学生欢迎，两年前被教务科聘去做教务。

每个学期，教导处都要按常规检查老师们的备课情况。有时候人手不够，就连教务员也一同参与。这不，正赶上小赵负责检查老杜的备课。查完了，总得提出点儿建议或意见吧，小赵初生牛犊，也不管是对是错，一口气就写下了六大问题和八大建议。

老杜一看小赵那歪歪扭扭的像屎壳郎爬的字，就气呼呼地跑到教导处"泄气"去了。

一个管理链条当然应该有制约，但应该是艺术地制约。老教师的备课就不需要监控吗？从管理的角度说，当然需要。但是，让一位不谙教学的小伙子去检查一位教学经验丰富的老教师，这样的管理是不会有成效的。

权力是把传家宝刀，最好不要拔刀出鞘。怎么才能在鼓励的状态下完成有效的控制，在不动声色之中完成我们的管理？

学校改革"小立法"

我们想到了备课酬金制。

这个制度规定,对已经被聘为主任教师以上职务的老师,《备课手册》免检,但把他们的《备课手册》列为青年教师学习的参考资料。每位主任教师都有义务提供每学期的《备课手册》供青年教师学习,学校则给这些提供《备课手册》的主任教师发放备课酬金。

效果很好!大家认真极了,每一位老教师都感到自己又多了一份光荣的任务。有的老师,备课的时候不仅想到了讲课,而且连给青年教师的提醒都写在页眉、页脚上了。

当然,从管理学来说,这既是鼓励,也可以认为是制约,是不动声色的制约。实际上,一种真正科学有效、符合人性的制约,应当既能够约束人又能够解放人。它约束的是对事业不利的行为,解放的则是人的创造精神和积极性。

4 / 失败和成功都可以锻造出成功

老师的心目中不应该有坏学生

1995 年秋天，有人找我反映了一个情况：有两个青年经常在下午课外活动时间，在校园围墙外，从失修的砖墙缝里向学校女厕所里偷窥。

经暗地观察，我们发现这两个青年竟是我们学校高一年级的新生！

问题非常严重。按常规，这样的行为应该定性为"流氓"行为，是无论如何都不能容忍的。迅速地做出处分决定，对学校而言再容易不过了，但这个决定却会影响两个学生的一生。很明显，如果我们把这件事张扬出去，给这两名学生扣上"流氓"帽子的话，他们从此将生活在一个被人鄙视的世界里，周围的人都会用另一种眼光来看待他们。他们很可能一生都将背着这个沉重的包袱，抬不起头来。

我想起了一个故事。在英国国家艺术画廊中，有两幅引人注目的藏画：一幅是狗的骨骼图，另一幅是狗的血液循环图。这是当年一个名叫约翰·麦克劳德的小孩子的作品。在上小学的时候，有一天，约翰·麦克劳德忽然想亲眼看看狗的内脏是怎样的，于是和几个同学偷偷地套住校长家的狗，把它给宰杀了，把内脏一个个地分割开来观察。按照学校的规定，麦克劳德是要受到严厉惩罚的。庆幸的是，他遇到的是一位开明的校长，他对麦克劳德最大的"惩罚"就是要麦克劳德画一幅狗的骨骼图和一幅狗的血液循环图。校长的巧妙"惩罚"激发了麦克劳德的好奇心、创新意识和探索精神，最终他成为一位著名的解剖学专家，并因为发现了胰岛素在治疗糖尿病中的作用而获得诺贝尔生理学或医学奖。

不要轻易对学生做出结论，不要轻易挥动处罚的大棒。

还是先从调查入手吧。

我认识其中一名学生的家长，于是就去拜访学生家长。

没想到，家长见到我非常高兴，说自从孩子进入高中后，就像变了一个人似的，爱学习了，一天到晚老躲在自己的房间里学习，连星期天也不出自己的屋子。晚上孩子经常熬夜到很晚，有时候午夜一两点钟还在学习。家长看在眼里，又心疼，又高兴。

凭经验，我感觉这个孩子肯定有属于自己的隐秘。

经过深入了解我发现，两个学生在家里果然把功夫下在读言情小说上了。不到三个月，一人啃了十几本。书都是从大街上的书摊上租赁的。这两个孩子都喜欢读书，但家长却把孩子的学习看得很重，一味地要分数、要名次，课本以外的书一律不准看，更不让买。孩子没办法，只好挤出零花钱到小书摊上租书看。偷偷摸摸、躲躲藏藏、良莠不分，结果就陷到了言情小说的泥潭里。

据班主任反映，这两个学生一入学就跟别人不一样，在校园里独往独来，集体活动不见他们的动静，班级工作没有他们的影子，一天到晚神秘兮兮地好像生活在另一个世界里。

我心里有底了。这两个处于青春期的孩子，正处在情绪极不稳定的时期，他们的行为正是那种青春期的心理躁动、对异性的过分好奇所致。而格调低俗的小说"推波助澜"，又强化了他们的这种好奇和躁动。

看来，不能盲目"上纲上线"，更不能因此歧视他们、抛弃他们。

我们拟定了一个教育计划：① 保密，除了当初了解此事的几个人之外，对任

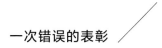

何人，包括家长，都绝不张扬，对学生本人则不予揭穿，因为我们知道，一旦扩散开来，一般人往往容易将之往流氓行为上联系，孩子就很难有一个健康的成长环境；② 把他们的校园生活搞充实，有意识地安排他们参与班级、学校的一些有益活动，早饭后是他们打扫卫生的时间，课外活动时由他们做图书管理员助理，双休日则让他们参与一个兴趣小组的活动，使他们从早到晚都非常紧张、充实；③ 帮助家长把家中的言情小说换成他们既愿意看又很有教育意义的名著，用名著的教育力量来升华他们的品格，净化他们的灵魂，提高他们的人生品位；④ 安排优秀教师和品德高尚、兴趣高雅的学生分别与他们交朋友……

健康的气氛包围着他们，老师的关爱影响着他们，同伴的友情滋润着他们，两个孩子开始慢慢融入班集体中，开始关心班级生活。不到两个月，他们就变得开朗了、合群了。他们在不知不觉之中蹚过了危险的河流，原先的坏习惯彻底改掉了，学习成绩更是叫我们高兴。

这两个学生如今都已经大学毕业参加工作了，他们仍然不知道当年这件事情背后的运作情况。

不要用成年人的是非观念来判断学生，不要轻易使用道德的标尺来衡量学生。在老师的心目中，不应该有坏学生，只可能有心理不健康的学生。因为如果你讨厌你的学生，那么你的教育还没有开始，实质上就已经结束了。

一次错误的表彰

1997年1月，刚过元旦不久，我收到了一封信。

李老师：

您不一定记得我了，但我却怎么也忘不了您。今天上午全军嘉奖会上，面对着首长递给我的烫金证书，我又回忆起了高中生活的一幕。

那还是在高二的时候，我把学习搞得一塌糊涂。为了给爸妈一个交代，我把成绩单上的成绩给改了，可这事不知怎的被班主任知道了。我怀疑这事是坐在我前面的小田打的"小报告"，于是，我便和我的哥们儿计划找机会整治一下小田。

机会来了。那是一个星期六的下午，我们哥儿几个骑着自行车刚走出校门口，就发现后面单枪匹马地跟来一个小田，车子后面带着一个足有一百多斤重的大口袋。我们一使眼色，放慢了速度，当小田赶上来的时候，我们本来单行的自行车一下子并排起来。小田一愣神儿，连人带车滑到了路边的小水库里。

我们一齐跑远了，可后来听到呼救声，又想起小田根本不会游泳，万一出了人命，事情就闹大了。我这才跑回去，捞起灌了半肚子水的小田，把他送到了医院……

为这事，学校专门为我们召开了表彰大会。李老师，那天在主席台上，我胸前的红花是您给戴的。当时我的脸红得要命，因为我心里有愧……表彰之后，我们几个"英雄"一直非常羞愧。我们寻找一切可以用来弥补我们过失的事情去做，我们努力改变着自己的坏习惯……因为我们必须对得起那一次"错误的表彰"。

……

我一下子记起来了，那还是七八年前我在四中时发生的事情，是那个顽皮的小林，他从高一到高二就受了两次警告处分。"见义勇为"的事情发生之后，对开表彰会，学校领导的意见并不一致，是我一再坚持"发展"地看一个学生，才开了这个表彰会。而且，表彰会后，这几名学生还真的变好了。

这封信让我思考了很长时间。批评处分解决不了问题，一次错误的表彰反而收到了意想不到的效果。

我就想，过去我们太偏重于给学生挫折、给学生失败了。对一个成长中的学生来说，失败固然是成功之母，可失败多了，就成了成功的"后娘"。所以我们更加坚信，成功更是成功之母。

多一把尺子就会多出一批好学生

1997年春天，一个双休日，我在公园门口碰到了一位朋友，他带着正在我们学校上高一的儿子到公园去玩。

这使我非常惊奇。因为我知道他在一个企业做销售经理，忙得不可开交，哪还有逛公园的时间和兴致？见我迷惑不解的样子，他不好意思地告诉我，儿子在学校里评了个"优秀科代表"。这孩子过去他们管得少，学习一直上不去，上学整十年了，除了在小学得过一次小红花，这是他第二次获奖。说好了的，只要学校奖励他，他们也奖励他，这逛公园就算是对他的奖励了。

由这件事我想到了我们的评价机制。

过去，我们用来衡量学生的尺子只有一把，那就是学习成绩。在这唯一的衡量标尺下，大部分学生成了失败者。教育是农业，不是工业。工业的特征是流水线，是标准化，而农业的特征是生态化、多元化。学会用生态的、多元的观点来看我们的孩子，我们就会发现大树有大树的风采，小草也有小草的魅力。地球正因为生物的多样性，才显得生机勃勃。

这一年，在我的坚持下，高密一中破格录取了一个名叫贺明的学习成绩落后的学生，录取原因很简单，他的国画画得特别好。进入一中以后，老师们发现，这是一个不大守纪律的学生。有的老师对贺明失去了信心，认为他不堪造就。

我找贺明拉家常。原来，他的父母在青岛工作，自己寄居在亲戚家，由于缺乏父母的教育，养成了不良习惯。于是，我给他布置了一道特别的作业——让他选一张自己最满意的国画交来。第二天，贺明把作品交来了。第三天，同学们意外地发现，这幅国画用最好的铝合金镜框镶嵌后被挂在了校园里的显眼处。后来，我又把他的几幅作品展示在全校同学面前。

"我是一个好学生！"这巨大的成功使他备感自豪和自信，从此，他加强了

为学生举办的摄影展

自我要求和自我约束，发奋努力，学习突飞猛进，被评为学校"百优中学生"，并获得山东省文学艺术博览会书画类一等奖第一名。后来，他考取了一所美术院校。上学期间，他就在高密、青岛、成都等地举办了个人画展。

增加了评价的尺子，就让更多学生体验到了成功，从而使他们做一个好学生的愿望得到满足。这些心理因素对他们取得新的成绩又起到了进一步的推动作用，从而形成了一个良性循环。

高密一中的美术特长生刘琦考入了清华大学美术学院，书法特长生单春晓考入了中央工艺美术学院，喜欢设计的张涵、李常艳考入了北京服装学院，喜欢摄影的林萌考入了西安美术学院摄影本科班。1997 年以优异成绩考取北京服装学院服装设计专业的张静同学，荣获 2000 年国际服装设计大奖赛金奖——中国赛区该奖项获得者共有两名。丹麦政府为获奖者提供全部费用，让他们到欧洲各国进行为期一个月的考察学习，同时北京服装学院奖励张静同学一万元人民币。这些学生在校期间文化课学习都不怎么突出，有的甚至属于后进生，但由于我们增加了评价的尺子，在老师眼里他们都成了"宝贝疙瘩"，而且最终他们也都取得了在他们这个年龄段堪称辉煌的成功。

学生技能测试站

评价的尺子越多，好学生越多。

到 1997 年，我们已经开发出了近两百个奖项。一时间，评出的优秀学生成倍地增加，也收到了很好的教育效果。

正当我们有些陶醉的时候，高二（6）班的周大志同学找到了我们，希望学校能够改变评价办法，因为在他看来，得奖的学生不过是在碰"运气"罢了：

学校设置了奖项的，就可以轻易地得奖；而未设奖项的，尽管你水平很高，但也只好望洋兴叹。这不公平。

他直言不讳地说，希望能够为他专门定做一把尺子，因为在他看来，学校的尺子虽多，还没有一把是真正适合他的。

原来，他爸爸是搞装潢的，长期的家庭熏陶使他自幼喜欢装潢设计，甚至连木工家什也爱不释手。他自信在全校无与伦比。他希望学校能考一考他的水平。

这件事给了我很大启发，我马上与老师们商量，希望大家能够设计一个弹性评价机制，尽量包容所有孩子的特长。于是，大家集思广益，建立了"学生技能测试站"，不仅为这位喜欢装潢的学生，而且为所有学生搭建了一个更加开放的成长平台。

这个测试站其实是一个与学生协商评价的平台，测试的项目是开放的，如果一名学生认为学校的评价项目不能够满足他的需求，就可以到测试站去申请新的测试项目。学生的申请不仅包括测试内容、测试标准，还包括测试方法。这个申请经过测试站认定委员会认可之后，还要张榜面向全校师生公示，如果没有反对意见，就可以按照学生自己提出的方案测试认定，并根据测试结果为他颁奖。

"学生技能测试站"发挥了很好的作用，受到了学生的普遍欢迎。学生们为什么喜欢这样一种评价方式？很明显，这种评价的目标是与他们协商得来的，是建立在对他们尊重的基础之上的。这种评价的方式也是与他们协商制定的，是他们可以接受的。而且，这种评价真正体现了"因材施教"，尊重学生的个性化发展。把尊重作为评价的灵魂，我想，这也是"学生技能测试站"受欢迎的真正原因。

事实上，每一名学生的成功都必然充满个性，每一名学生的发展也必然有各不相同的道路，正如阿姆斯特朗所说的那样："如果一个学生主要通过图片来学习知识，那么让他去学习文字性的新型材料，他就会难以掌握材料的主题。

相同地，如果一个学生习惯动作表达，当要他做纸笔测验时，他就会难以表达他所知道的东西。"

我们并不希望踏上社会的学生都以一个腔调说话，都以同样的方式处事，可我们的教育却在年复一年的评价中，以同样的指标去要求我们这些最终要以各种不同的姿态踏上社会的学生。我们的"模具"不变却希望从"模具"里塑造出的产品千姿百态，这无疑是一种南辕北辙的战略。

用"比值"衡量成绩

1996 年夏天，暑假刚过，高二的一名女生就给我写了一封长信，信中的一段话引起了我的注意。

……我爸妈都是大学毕业，所以，整个家庭对我未来的期望简直是变本加厉。上学期期末考试，我考了 630 分，和我们班的第一名相差只有 40 多分，这是我最好的成绩，我为此而高兴。可是，当我回到家里，兴冲冲地把成绩告诉爸妈的时候，不承想，他们不知通过什么渠道，早就把我们全班同学的成绩全搞到手了，而且把我在班里的名次都排得一清二楚。从他们手上的成绩单看，很明显，我比上次考试又降了三个名次。

我自己也有些吃惊，但这却是无可更改的事实。我只能说，我们班的同学实在是太厉害了，我自觉进步不小，但他们进步更大！

他们的进步不能掩盖我的进步！我希望爸妈能正视这一点，结果，他们根本不给你讲理的机会。一句话，名次下降就是成绩下降，为此我们吵架了……

当时，我们已经开始了导师制的试验，一位老师要带三个以上的学生，将之当作自己的朋友，这名女生就是我带的学生之一，她的进步我可以证明。

我找来了她的家长，当然，用一个校长的力量是比较容易给她解围的。

但是，众多这样的学生，有谁给他们解围呢？

我并不同意那种完全对学生封锁成绩的做法，那种认为素质教育就是把学生的一切成绩全封闭起来，让学生既不了解别人的成绩也不清楚自己的成绩在班级中的位置的观点，也不是负责任的。

当我把这一想法与教导主任李天金交流的时候，恰好他也一直在思考这个问题。没过几天，他想出了一个用"比值"衡量学生成绩的点子。

这个"比值"法的具体做法是，每次考试后，把本年级前五名学生的平均成绩确定为1，其余学生则以自己的成绩除以前五名学生的平均成绩，所得的商即为自己的比值。这种评价办法不同于名次评价的地方就在于引导学生更加注重自我评价，因为年级前五名学生的平均成绩一般都能稳定在一个水平上，因而学生历次考试成绩的比值往往会比较客观地反映出自己的进退。有的时候可能名次并没有提高，但与自己相比成绩却有了明显的飞跃，而这就是通过"比值"来体现的。

"比值"法的使用，使学生能够在不公布成绩、班级不排名次的情况下，比较客观地了解自己学习的进退，而且淡化了名次效应，使学生不用整天左顾右盼，过分关注别人成绩的升降，而是把精力放在对自己学习成绩的审视上，扬长避短，查缺补漏，不断地完善自我。

一项小小的改革，把学生的目光从横向比较转移到自我关注上来，他们似乎变得沉稳了许多。

点名达标活动

1996 年国庆，各班的晚会搞得有声有色。

高一（11）班的学生把幼儿园小朋友的"击鼓传花"游戏拿到了班上。不过，他们是用旧瓶装新酒，创造了一些新的内容。其中之一就是，接到"花"的人，要向上一个接"花"人说一句鼓励的话，而且这句话要与他的名字有联系。

进行了两轮，气氛越来越热烈，不知是学生们有意安排的还是偶然巧合，鼓点一停，"花"正落在他们的班主任谭老师手里。

谭老师是老牌大学生，又是学文科的，所以他干脆来了一首诗，而且，把一名学生的名字完整地嵌入其中。他的男中音刚落地，全班学生就哄堂大笑起来。

原来，老师张冠李戴，把另一名学生的名字嵌进去了。谭老师一尴尬，晚会气氛反而更高涨了。

学生们并没有在意，在意的是那名被认错的学生和我这个校长。学生"亲其师"才能"信其道"，开学都一个月了，班主任还认错学生，何谈学生"亲其师"，学生又怎能"信其道"？

可我们什么时候要求过老师必须认识学生？

如何尽快拉近师生间的距离，让老师尽快熟悉学生？我们在高一各班和高二、高三科任教师有调整的班级开展了老师对学生的"点名达标活动"。

新学年一开始，我们首先公布活动方案，引导广大教师在教育工作中有意识地通过各个教学环节接触学生、了解学生、熟悉学生。为了保证这一活动的实效，我们同时开展老师给每名学生找三条优点、每天表扬三名学生或表扬三次学生等活动。这些活动给了大家很深的感受。过去大家不怎么注意表扬学生，更谈不上为表扬学生而备课，这些活动改变了大家的习惯，使为表扬而备课成为工作常规。

批评学生一节课，不需要备课；而表扬学生一节课，哪怕备一周课都难以办到。

开学第四周进行第一轮达标活动，要求老师面对学生叫出全班学生的姓名方能达标；第八周则要求面对学生的后脑勺叫出全班学生的姓名方能达标；到一学期结束时，则要求教师说出所教学生的家庭、个性、爱好等情况。这样，不仅在较短的时间内缩短了师生间的距离，而且活动的过程也启发了我们的老师，使他们真正感受到了热爱的力量。当然，活动是以游戏方式开展的。

有位老师还创造性地画出了"学生在我心中：学生住址分布图"，还有一位老师把作业簿的封面变成了学生情况登记簿，每批改一次作业即熟悉一遍学生，收到了很好的效果。

其实，这不仅仅是一个记住学生名字的问题，我们希望通过这一活动唤起教师对学生的爱，架起师生心灵沟通的桥梁。

5 / 寻找语文教学原生态

"千万不要上语文老师的当"

1995 年秋天，一封学生来信让我们不得不直面语文教育的尴尬。

一名刚刚考入大学的学生给他正在上高三的朋友写来了一封信，介绍学习方法。信中比较详细地介绍了数学、外语、历史等学科的学习方法，而谈到语文的时候，他说了一句话："语文哪，你可千万不要上语文老师的当，语文课上搞的那一套统统不顶用。"

这封信被我们一位语文老师看到了，他就在语文教研室里讲了这件事情。他讲完之后，全教研室 19 位语文老师竟然好长时间都没人吭声。他们被刺中了，也被刺痛了，陷入了深思。

约翰生说："人们现在有一种奇怪的想法，认为无论什么都要通过讲授来教给学生。我看不出讲授比阅读究竟好在哪里，因为讲义都是从书本上抄来的。"

我由此又想起了几年前高密四中发生的一件事情——没有语文老师的班级，学生语文考试成绩反倒不差。不能再等了，语文教学少慢差费的问题到了该解决的时候了。

我首先要做的是说服语文老师。怎么说服？我想用事实来说话。到寒假期

姐弟俩（姐姐王庆玲，现为中国社会科学院研究生；弟弟李大伟，现为北京大学物理系学生）

末考试的时候，我让正在读初一的儿子李大伟和正在读初四的内侄女王庆玲一起参加了当时的高三语文考试。

卷子是混装在高三的卷子中批阅的。批出来的结果叫我们语文老师更尴尬：高三全年级的平均分是84.5分，初一的李大伟考了82分，初四的王庆玲考了85分。

离高三一个相差六年，一个相差三年，他们少受了这么多年语文老师的"耳提面命"、"谆谆教导"，成绩和高三学生却是如此接近！原因何在？分析来分析去，老师们最终信服了：这两个孩子有大量阅读。在小学，他们读了《安徒生童话》《格林童话》《格列佛游记》《西游记》……童话世界丰富和拓展了他们想象的天空。在初中，武松刚毅的个性、赤壁弥漫的硝烟、聊斋曲折的故事、杨子荣林海雪原里的驰骋……又打开了他们的视野，让他们体验到了在现实生活中不可能体验到的丰富多彩的生活和情感。他们有着自己的思索、感悟，有着提高语文修养所必需的大量语言材料的积淀。而这，恰恰是老师讲授代替不了的。

东晋大诗人陶渊明曾说他是"好读书，不求甚解"。"好读书"，也就是广览博读，正是学好、用好语文的必由之路。这本来应当是语文学习的常识，是最简单不过的道理，可是审视一下如今语文教与学的实际情形，可以发现走的却是与之相反的道路：不"好读书"，而好"求甚解"。这或许正是当前语文教学的最大弊端。

不是吗？现在的高中生，除了那几册语文课本，除了那无尽无休、机械刻板的应试训练，所读的名家名作寥寥无几，文化视野狭窄，语言积累贫乏，提高语文综合素养和能力岂不是一句空话？就像对待一个体育运动员，不给他的身体输送丰富的营养，反而拼命让他接受各种技术、技能的训练，这与其说是在培养冠军，不如说是在毁灭冠军。

苏霍姆林斯基说："课外阅读，用形象的话来说，既是思考的大船借以航行的帆，也是鼓帆前进的风。没有阅读，就没有帆，也没有风。阅读就是独立地在知识的海洋里航行。"语文，就是让孩子鼓帆前行！

儿子的启发 ／

不能不承认，语文教改的决心，在很大程度上来自儿子带给我的启发。

他在上初中时就在学校的校刊上发表了好多人看不懂的古诗词，下面就是他在初四时发表在校刊上的作品。

/ 诗一首 /

江湖蕞尔一书生，未建功兮未有名。
心在青峰斜月下，身犹黄卷冷斋中。
坐看浩荡云千里，卧听凄清笛一声。
几处夕阳无限恨，终军无命请长缨。

/ 绝句漫兴 /

忆昔凭轩意气高，呼灯纵酒少年豪。
唐贤读破三千纸，磨损胸中万仞刀。

/ 贺新郎 /

望断天涯路。

倦凭阑、斜云逼抑，稻田禾黍。

手把龙泉心起恨，泪下千行如注。

怅漫野、三窟狡兔。

覆雨翻云惊尔手，便当时，恣意无人诉。

陈叟老，季鹰去。

今朝萧瑟当年暑，

叹平生、江南塞北，浔阳几度！

把酒问苍天何意？脉脉无言无语！

但颔首、雄心若与。

上下四方男子志，肯抛刀，碎玉输于汝？

云半片，日千缕！

我从来没有辅导过他语文，更没有给他讲过什么古诗词，但是，他自己感悟了，连他自己也说不清楚到底读了多少书。我的书橱在不断地"丢"书，而他的小书架则一天天地越来越满。

曾有一位记者让他写写他暑假里最喜欢读的十本书及其理由，他是这样写的：

1.《纸牌的秘密》 以引人入胜的童话式故事将人引入最原始的哲学思考。

2.《涅克维奇精选集》 宏大的叙事场面和难以抑制的爱国热情。

3.《死水》 杰出学者在新诗发展中的一大贡献。

4.《鹅掌女王烤肉店》 诙谐的文笔、美妙的谈吐和随处可见的讽刺。

5.《伊豆的舞女》 细腻的叙述、缠绵的感情，让人产生一种奇妙的共鸣。

6.《唐宋名家词选》 偏重大家而稍有遗珠之憾。

7.《雍正王朝》 将复杂的官场揭露得一览无余。

8.《苏菲的世界》 很好的哲学启蒙书。

9.《契诃夫精选集》 深刻的讽刺,特别是短篇小说。

10.《戴高乐传》 略带感情地公正评价了伟人的一生。

有一天,我从儿子的书架上找到了尼采的《查拉斯图拉如是说》,在书中发现了他的一篇笔记,题目赫然写着"尼采批判",文中对那个视爱为恐惧的产物、以强悍为美、杀死上帝的大哲学家颇不以为然,让我吃惊不小。

他的读书已经影响到其他学科。他的英语老师还讲了这样一个小故事——

在英语阅读中,一篇文章需要用到文艺复兴方面的知识。学过历史的学生应该熟悉这个话题,但是有一个题目要考查文艺复兴是以希腊文化为主的复兴还是以罗马文化为主的复兴,我记得历史课本上是没有把这个问题深化到这种程度的,所以感到很难回答,而且也没查到这方面的资料。我就想,反正这些与英语教学关系不大,到时候把答案公布一下就可以了。结果讲到这个问题时,班上的学生都喊:"让李大伟给我们讲讲,他知道。"这时李大伟这个深藏不露的"百科全书"就站了起来,开始讲文艺复兴了。他的讲解就像老教授在讲历史,从历史的各个角度帮同学们做了分析,还讲到了为什么是这样的。那节课让我见识了他的博览群书、他分析问题的能力。

李大伟高二时参加"全国中学生英语能力竞赛(山东赛区)",获得"十佳"称号。其实,他并没有在英语学习上特别下功夫,是大量的课外阅读成就了他。

儿子的成功,让我感受到了阅读的巨大力量,他给了我语文教改的信心和决心。

"失败了，谁来负责任？"

1996 年春季开学，我们便大刀阔斧地开始了语文教改实验，借鉴了"道尔顿实验室计划"的一些做法，并吸收了"ACT 语文教改实验"的有益经验，我们把这项实验取名为"语文实验室计划"。

这项实验最大的改变是课程安排：每周只用两课时完成教材规定的学习任务，而把四课时拿出来，让学生到自修室去读书。

实验首先是从指导思想上突破的，它明确地提出，语文素质提高的过程是学生诵读、涵泳、感悟、积累的过程，语文是学生自己学会的；应该最大限度地减少老师的讲授；语文在很大程度上要靠"广种'博'收"，仅仅靠几本教材是难以完成教学任务的，必须加大阅读和写作总量。

我们的"语文实验室计划"自修室有别于一般的阅览室。其内部形同阅览室，配备中学阶段必读、选读、参考三个层次的课内外书籍、报刊。每个实验室大约配书 2000 册、刊物 40 种 120 份、报纸 15 种 60 份。在实验室里，学生可以根据统一确定的学习目标自由选择图书、报刊阅读学习。自修室同时配备投影仪、电视机、放像机、录音机等教学器材，教师可通过多种渠道向学生传递知识信息。但自修室与一般阅览室又不同，在一般阅览室里学生的活动是随意的，而在语文自修室里学生的活动是有统一目标和具体要求的；在一般阅览室里学习活动是学生单向的，而在语文自修室里学习活动是师生双向互动的。

在语文自修室里，没有固定的学生座位，没有教师讲学生听、教师教学生学的严格形式，没有正襟危坐、鸦雀无声的所谓课堂气氛，学生可以自由阅读、相互切磋，可以与教师共同讨论，在多项多边活动中汲取知识、提高学养、增强能力，真正体现了学生的主体地位。

课时设置也与常规不同，采取大课时的办法，即 100 分钟为一个课时，学生可以连续地阅读学习，完成既定的学习目标，而不必受传统的 45 分钟课时制的限制而中断或更换学习内容。每周六节语文课，时间安排相对灵活，大体形成时间安排上的"三一制"：教材学习占三分之一，在教室进行；课外阅读占三分之一，在自修室进行；写作实践占三分之一，在自修室或更大的天地里进行。

为了突出学生的主体地位，促进人的个性化发展，在管理方式上，我们采取目标管理、终端控制的办法，对学习形式不做统一规定，只要能够完成学习目标，方式、途径可不拘一格。

很明显，这是一项极冒风险的实验。

19 位语文老师，一方面对改革心向往之，一方面又都有点儿惴惴不安。

大家半是开玩笑半是郑重地与我讨价还价："校长，我们也感觉语文应当这样学，但最怕的是高考，如果高考失败了，谁来负责任？"

我完全理解老师们的心情。但是，要渴望成功，首先要不怕失败，其实，在生活中，不怕失败比渴望成功更重要。

"失败了我负责！"

我知道，我必须做出回答；我更知道，一项改革只要触及教育的真谛，只要接近学生成长的规律，它就没有理由失败！

尊重选择与张扬个性

实验刚开始，自修室的安排还是非常粗放的。或者说，它就是原来的阅览室，只是把学生放进去罢了。

一开始，就遇到了该读什么、不该读什么的问题。

阅览室里，图书、报刊丰富多彩、琳琅满目，把中学生一下子放进去，犹如把小船一下子放到茫茫大海上，老师们担心学生会迷失阅读的方向。于是有人提出，应该统一学生的阅读范围，而且，在每堂课上，大家应该阅读同样的内容，这样也便于老师辅导。显然，这又把自修室变成了教师主宰的课堂。

我提出，必须充分尊重学生的选择。我们的责任首先是帮助学生确定"阶段阅读书目"，不同的年级读不同的书籍，不同的阶段读不同的文章。然后，为了节省学生选择的时间，我们又装备了特色阅览室：有以散文为主的，有以小说为主的；有适合高一新生的自修室，也有为高三学生准备的"特色大餐"。

可是，马上遇到了新的问题。有老师发现，有些孩子读书、写作开始"走偏"：喜爱《红高粱》的纵横驰骋，于是连《百年孤独》也反复咀嚼；爱好细腻的，不仅读冰心的散文，连婉约词人也研读一个遍……

很明显，这和我们长期以来的教学习惯发生了冲突。过去我们一直习惯于找平衡，削长补短。文笔凝重的，我们偏要他添几笔亮丽的色彩；喜爱"小桥流水"的，我们偏要他读"大江东去"。

其实，每一个孩子都有与众不同的兴趣、特长，尊重了孩子的个性、特长，也就意味着为孩子提供了自由广阔的发展空间，也就意味着孩子的精神生命能够自由呼吸。

后来的实验证明，尊重选择恰恰使选择者萌发出强烈的内在责任感，使其真正清楚学习是他自己的事情，这样他才有可能不断地反省自我、修正自我、完善自我。在我们的语文自修课上，学生读的文章互不相同，写作实践也各具特色，但他们最终收获的语文素养却是相同的。正所谓"条条大道通罗马"。

"遭遇"教改的首届学生、现正在北京大学攻读博士的昝涛，回忆起自己的高中生活，曾深有感触地说——

高密一中的课程里，给我印象最深的就是"语文实验室计划"。坦率地说，这种开放式的自由阅读和写作，除了全面提升了我的语文综合素养之外，我感到最重要的收获是培养了我的自学能力和对自由的热爱。在这个世界上，尤其是在中国，文化上最缺乏的莫过于独立的思想和自由的精神。而这种东西的培养绝不是靠引进西方的理论就够了，而是在学校尤其是在中小学就应该给学生一定的时间和空间，让他们学会在自由的时空里独立思索和成长。学校和老师的作用不再是控制和支配学生，而是去诱导和指引他们的选择。这种实践意义上的独立与自由，才真正能够影响人的一生。

一项小小的学科改革实验，却影响了学生一生的精神追求，这值得所有关注孩子成长的人们深思。

"文章是流出来的"

"语文实验室计划"一开始启动，就理所当然地受到了学生的欢迎，而且一名学生还因此转入了我们学校，她转学的唯一理由就是在一中上语文课可以看一些自己喜欢的名著。

当然，奇怪的事情也时有发生。高一（6）班的一名学生自称"不敢读书"。因为他最怕读书之后老师的"附加项目"。

原来，这名学生有一个对他要求特别高的妈妈。只要是读书，就一定要写读后感；只要是外出旅游，就必须写游记；只要是看电影，就要写观后感……搞得他一听到读书就有"后顾之忧"，一听到外出旅游就倒胃口。

事实上，我们不少老师正打算给学生提出这样一些要求呢，他们同样担心学生的阅读效益，他们正酝酿着给学生明确一下写作的数量。这名"不敢读书"的学生一冒出来，马上就引起了大家的关注。

恰好这个时候，我们的校刊顾问，也是我们学校特长导师团的导师、著名作家莫言来到了学校。当学生记者就写作的话题采访他的时候，他告诉学生说："文章是流出来的，我的小说是我体验的结果。"他主张学生应该到生活中寻找写作的激情，把体验当成写作的源泉。

莫言的话给了我们极大的启示。我们随即把自修课中的写作课调整为语文实践活动，让学生在实践中获取写作的冲动。我们提了个响亮的口号：写你想写的，让文章从你心里流出来。

果然，记者团的学生把采访的过程"流"出来，竟成了生动活泼的好文章；足球队的学生把挫败的原因分析出来，就成了深刻而充满哲理的论说文。

首届艺术节后，语文教研室搞的一个"我与艺术节"征文活动，更叫老师们大开眼界，许多平时视写作为洪水猛兽的学生也情不自禁地舞文弄墨，"流"出了许多佳作。下面就是一名不擅长写作文的学生写的《艺术节记事——喜怒哀乐四部曲》。

文化艺术节已过去四天了，也许那欢腾的节日气氛已离我们远去，但过艺术节的那种难忘的感受和情景将会永存我的心底。将它翻检一番，整理出来，也就成了这篇《艺术节记事——喜怒哀乐四部曲》。

喜

"哇！15、16日要过艺术节！"这一消息不亚于一枚重型炮弹，把每个人的脸上都"炸"开了花。虽然还有几天才到15日，可那浓厚的节日气氛已在每个人的言语、行动上显现出来，可以说，每个人的心里都充满喜悦，每个人的脸上都写着高兴。瞧吧：由我们班承办的拍卖会的组委会成员张罗着拍卖的物品，而参加手工制作展览的同学更是马不停蹄地赶做漂亮的幸运星、小风铃，还有烹饪一条街的小厨师们也都忙得不亦乐乎。可是，万事都不会一帆风顺的，这不——

怒

真没想到，我们班主任亲自到团委申请的精品影院竟然会招来主办班级的非议。可以说这样一句话：竞争是激烈的，也是残酷的。我们应学会在竞争中生存，据理力争。你们开你们的放映厅，而我们的精品影院与你们并无冲突哇，不服气的话，可以光明正大地来竞争、来一比高低！我们班不少同学都义愤填膺，恨不得马上去和他们理论，还有的说要"驳他们个体无完肤"呢！这本应欢欣愉悦的节奏中的小插曲确实令我们怒气冲冲，但主旋律仍然是欢快的，不是吗？但也有——

哀

盼望已久的艺术节终于徐徐拉开了帷幕，最令我心仪的当然是可以一饱口福的"烹饪一条街"了。傍晚，我拉着同伴到了早已热闹非常的一条街上。怀揣十元大钞，我向目的地——我们自己班冲去。唉，悲哉！刚走了几步，就被一个相识的同学逮住，非要我买她的羊肉串。没办法，掏钱吧！继续向前走，完了，我仅剩的八元五角也要小命不保，人家盛情难却，我只好又一次心不甘情不愿地挨了一次"宰"。就这样，几十米的路，我竟将十元钱花得只剩八角！到了我们班，也只有买杯白开水的份儿了。但毕竟，还是哀中有——

乐

好棒！歌舞晚会精彩纷呈，卡拉OK大奖赛好歌连台，萨克斯咖啡屋温馨清静，还有化装舞会、烧烤屋等更是令人流连忘返。开开心心地和朋友一起开怀畅"玩"，真是悠哉亦乐哉！当然最令人高兴的还是为希望工程献爱心活动取得圆满成功，为希望工程的各项捐款高达几百元。

不管怎么说，文化艺术节已经结束了，虽然百般滋味在心头，但还是应该把玩心收敛，重新投入学习中去。我想有一点是肯定的，艺术节，在我们每个人的心里，将会作为美丽的记忆永不褪色！

就一个高中生而言，这样的文章算不上什么上乘之作。但其洗练的文风、生动的语言、真实的表达，还是令人感动，尤其是它出自一名过去一直惧怕作文、语文成绩居班里下游的学生之手，我们更是不得不对它刮目相看。

说你想说的，写你想写的，让写作成为情感的一种自然的表达方式，成为生活的一种真实的需要，孩子们就不会再惧怕写作，就会喜欢作文，语文能力的快速提升也就从这里开始了。

语文学习就是如此简单。

自修楼中的自主学习

"语文实验室计划"带来了许多学科的教学革命。

首先是英语，自修的理念被引入英语教学，泛读课的收获让教师和学生十分惊喜，不仅是语言层面的，更重要的是文化层面的积淀。

历史课则紧随其后。历史课的背景教学与知识网络化构筑工程给了学生更多的时间和学习的自主权，"民主化课堂"教学实验更是调动了学生自主学习的积极性。自修，成为历史课重要的学习方式。

地理课的"我来设计旅游路线"、"跟着丁丁去历险",从根本上打破了沉闷的课堂。学生若没有自己的主动学习,已经无法应付新的学习任务。

就连数学、物理、化学甚至美术课,都提出了建立学生自修室的要求。

这样,原来的几间自修室已远远不能满足学生的需要了。于是,在1997年,高密一中的学生自修楼破土动工。

自修楼总建筑面积为4800平方米,可以满足1600名学生同时自修。内设十多个语文自修室和三十多个英语、历史、地理、生物、数学自修室,这里成为真正的学生自主学习的乐园。

……

随着各个学科教学改革的深入,许多学生的学习方式发生了根本性的变化。他们从自主学习中体验到了乐趣,有了传统课堂上不会有的收获,于是对学校提出了新的要求。他们希望学校能最大限度地给他们创造自主发展的机会,让他们从传统课堂中解放出来。

这样,我们又进行了一个更大胆的改革,让部分学有余力的学生在教师的指导下,在正常教学时间进入自修楼。条件就是,如果他们感到课堂上的授课已经不能满足他们的胃口了,作业与练习不再具有挑战性,他们就可以经过教师批准进入自修楼自主学习。下面是我们的自修室使用规则。

/ 高密一中学生自修室使用规则 /

自修室供持有"自修证"的学生使用,学生必须订好自修计划,经班主任和级部主任批准后方可自修。

未取得"自修证"的学生须凭"自修联系单"到图书馆办公室报到签字后方可自修。考勤由自修室老师负责。

学生可以阅读自带的资料,也可自由选择自修室的图书、报刊,图书、报

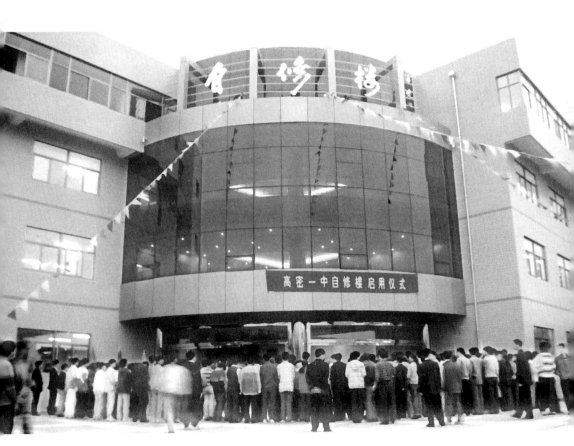

学生承办的自修楼启用仪式

刊阅读后应放回原处。

自修的学生实行自我管理的办法，每天安排值日生，设值日班长。值日班长负责范围：① 纪律；② 卫生；③ 开关门窗、电暖；④ 每天向管理人员汇报情况。

学期末教导处将对登记自修的学生逐一考核调查，并将结果反馈到级部，将自修成绩纳入学业综合成绩。

自修室开放时间：除休息日之外的全天。

后来我和一些高密一中的毕业生交谈，说起喜欢学校的理由，几乎所有学生都把能够不受约束地在自修楼里自修列为第一。

6 / 让教育从细节入手

取消专人排单车

高密一中的自行车棚是校园里一道小小的风景。上千辆自行车排得整整齐齐，颇有些气势。其实，这上千辆自行车并没有专人管理。

最初，一中的自行车需要专门安排校工或者学生轮值管理，有时对学生乱放乱停的自行车要重新排列。这样一来，单纯从管理的角度看，自行车是整齐了，但是站在教育的角度看呢？

一个人的真正品格可能要在重大时刻或紧要关头才能表现出来，但它却是在无关紧要的时刻、在琐碎的日子里形成的。

应当下决心取消专人排放，把整齐排放自行车变成每一名学生生活的一部分。

当我们把这一想法与学生科交流的时候，他们感到很为难。在他们看来，整齐的自行车是校园里纪律严明的表现，如果没有专人排放，效果肯定会大打折扣，那岂不是降低了学校的管理水平？

斯宾塞在他的《教育论：智育、德育和体育》中告诉我们："记住你的管教的目的应该是养成一个能够自治的人，而不是一个要让别人来管理的人。"

排放自行车，目的不是给别人看，而是培养自治的人、自理的人。如果一名中学生走出校门，还需要别人为他排放自行车，那别的事情又会怎样呢？

道理讲明了，大家也就想通了。

取消专人排放自行车的第一周，车棚的秩序真是惨不忍睹。

开始，我们增加了一些辅助措施，重新画线，对每一名学生的自行车进行定位管理。然后，我们对排放不整齐的学生进行"培训"——当然，完全是一种善意的指导。

一个月的时间过去了，自行车排放又恢复到专人排放时的水平。

不承想，取消专人排放自行车倒启发了教导处。原来，为了规范学生的书写，他们在高一搞了一个"一日百字"规范训练，专门训练学生规范写字的习惯，为此还招来不少学校取经。可是，随着活动的推移，学生写字质量不但没有提高，反而出现了滑坡，因为平时书写不规范，只在规范训练的时候才规范是靠不住的。

所以，他们也开始调整思路，把规范训练放到了平时的作文、平时的练习当中。

不增加学生的负担，在每一个学习环节中落实规范的要求，规范自然就在其中了。

不久，新的学生餐厅落成了，总务处遇到了一个新的问题，按照原设计，每一个售饭窗口前都有一道不锈钢的护栏，以防止打饭的学生插队拥挤。

总务主任隐隐感到这道护栏挺别扭，但他又拿不准，到办公室找我商量。

我没有直接回答他，而是要他就此事征求一下学生们的意见。

小事又做大了。学生们非常活跃。只要你有题目，他们就有热情。

从一开始两派意见旗鼓相当，到最后道理越辩越明，意见集中到一边来。很显然，加上护栏，就丧失了教育的机会，护栏当然不能加。甚至，连原来学生会准备安排学生监督岗的方案也被取消了。大家给每一个售饭窗口都想出了一句话挂了上去，如"人最可贵的品质是先人后己"等，给了学生们以深深的启示。

从此，插队拥挤的现象在一中慢慢消失了。

看上去，这都是一些微不足道的小事情。但正是这些细节，在点点滴滴、润物无声地塑造着我们孩子的心灵和品格、修养和气质。

教育必须从细节入手，然后才能塑造出注重细节的学生。

"六角钱"的招领

1996 年秋天，六角钱让德育处的老师有点儿为难。

一名高一新生在校园的小路上拾到六角钱，交到德育处。按说，这是一件很自然的事情。

可是，德育处的周老师拿在手上不是，放在桌上不是，放在兜里也不是，最后交给了主任老薛。

接过这皱巴巴的六角钱，老薛心里也犯了嘀咕：六角钱，在一般人看来，显然不值得招领。可是，这背后不是有一个更大的问题吗？失物者肯定是我们的学生。假如在校园里丢失的哪怕是更少一点儿的东西，一丢就没有了踪影，那会给我们这名学生留下怎样的印象呢？校风的建设都是通过这些看上去不起眼儿的小事来完成的，小事不小。

于是他"小题大做"，在橱窗里挂出了一则招领启事。怕无人认领，他还犯了写招领启事的忌讳，把钱数也公开写了出来。

可是，写出来照样无人认领。

后来，我们在一名考入大学的学生发表的习作中找到了失主，但已经是三年以后的事了。

原来，这位学生因为钱数太少，又因为招领启事公布了钱数，不好意思去领取，但这件事却让她久久难忘。

……在一中，你尽可以踏踏实实地过每一天。因为我们的校园，是一个充满安全感的校园；我们的同学，是诚实、友爱的同学。

高一的一则启事成为我人生的永恒，那是一则六角钱的招领启事，我怎么也没想到，连我自己都感到无所谓的六角钱会有人认真地捡起，认真地交给学校。而尤其叫我感动的是，德育处的老师们能够认真地写出这样一张招领启事，它其实不仅仅是招领，还告诉我们，不要乱丢东西；更告诉我们，一中的校园，是一个诚实互信的校园……

对教育工作来说，这就够了。

从扶贫到励志

1996年春天，学生会的同学发起成立了一个"小小废旧物品回收站"，对学校的垃圾进行分拣，然后，把能够回收的物品梳理出来卖到回收站去。

当然，回收站的工作是学生们自愿选择的，这很受贫困家庭学生的欢迎。因为大部分贫困学生对师出无名的救济感到很尴尬。拒绝吧，生活、学习难以维持；接受吧，大部分救济往往会在救济时或者救济后公布救济对象，使他们因为贫困而成为"新闻人物"，这让他们感到很不好意思。

从教育的角度看，成立"小小废旧物品回收站"可谓一举多得：既及时清理了学校的垃圾，又培养了学生吃苦耐劳的意志品格，同时还在保持贫困生自尊的情况下帮助他们解决了生活困难。

由回收站开始，我们陆续设置了46个助学岗位，包括图书管理员助理、食堂勤杂工、卫生间保洁、植物园园丁等岗位。

张勇，一个来自农村贫困家庭的孩子，在参加勤工助学之前的半年多时间里，从来没到餐厅买过菜，因为他"喜欢"吃咸菜。后来，他参与了学校第一批勤工助学活动，自选了卫生间保洁工作，这是所有岗位中收入最高的岗位。对他来说，这个岗位除了让他能够维持正常的学习与生活，报酬之外的东西也许更有价值。他在北京大学读书期间的一篇随笔，也许能给我们一些启发。

高密一中的勤工助学经历，是我一生中永远不会忘记的。无论在失意还是得意的时候，我总能想起那时所感受到的点点滴滴，这也是我不断向前迈进的动力。

那时我申请的勤工助学岗位是打扫男厕所。打扫起来费劲倒是在其次，关键是如何面对同学们的目光。很多同学开始还不知道是怎么回事，以为我犯了错误，被罚打扫厕所。后来，他们发现我天天在打扫，就用很异样的眼光看我。现在回忆起来，或许是我自己的心理作用吧，那时自己总是感觉如芒刺背，紧张的汗水总是不自觉地流下来。那或许是一种屈辱感，抑或夹杂着自卑感。我要利用课间和课外活动的时间打扫厕所，每天三遍，要是不合格，就会被检查的老师叫出去返工。每次打扫完厕所，我都很累，主要是心累。几个月之后我才慢慢习惯起来。那个时候，勤工助学一个月可以拿60元的收入，正好够我的生活费，我舍不得全花掉，还能拿出一点儿来买喜爱的书读。

我想，李希贵老师是细心的人，他肯定明白我的心理感受，但是，他不说破，只是在一次街边偶遇的谈话中告诉我："只要是自己决定做的事情，就一定要认真负责地做好。挺直了腰杆认真踏实做事的人，靠自己的力气吃饭的人，不会有人瞧不起。"

李老师的话给了我很大的安慰，同时，也让我对自己的勤工助学工作有了新的看法。从此，我更加细心地去履行自己的职责，而且对同学也是笑脸相迎，没有了自卑感。我的成绩也开始在年级名列前茅。

现在想想，那么多困难都挺过来了，人生还有什么不能承受的呢！

现在，张勇已经读到博士了，我相信这段经历对他而言是一生可以享用的精神财富。

有一名干部家庭出身的女孩儿李林泉，在"人生的价值"读书报告会上，被一名参加勤工助学的同学的演讲所打动，她也主动要求参加勤工助学。后经调查，才知道她的父母都是国家干部，家庭并不困难，当时老师就没有同意她参加勤工助学，可她却诚恳地说："老师，我不要钱，我要用自己的劳动所得来帮助家庭困难的同学。"于是我们就给她安排了一个勤工助学岗位，每次她都把学校发的劳动报酬全部送给了班里家庭最困难的同学。

她不是为了扶贫，而是为了励志！

7 / 让学生在校园里"自由呼吸"

一个苹果 + 一个梨子 = ？

1996 年春节过后，我们开始试行学生德育综合评价，累计每名学生纪律、卫生、品行等各个方面的记分，最终得出一个分数，以此作为评选三好学生的依据，并把这个分数记入学生档案。

这个办法非常见效，学生们把分数看得很重，表面看上去，校园风貌有了很大改观。

正当我们有些沾沾自喜的时候，在学生科的桌子上发现了这样一张小纸条。

一个苹果 + 一个梨子 = ？

大家感到奇怪，是谁还在玩这种小孩子的把戏？

学生科的老师告诉我，这是第一节课后高三（3）班的禚越送过来的，弄不清他是什么意思。

听说是禚越送来的，我更加感兴趣，因为这是个很有见解的学生，学校好多重大活动都有他的参与，他还是全市见义勇为先进个人。

找襁越交谈，我才明白了他的真意。原来，这几天他奶奶住院，他总想多往医院跑跑，结果顾此失彼，不是迟到遭遇批评没商量，就是忘记整理卫生区被扣分。两天工夫，就把他平时积累起来的分数扣得差不多了。

说到这里，他显得很不冷静地说："学小学数学的时候，老师就告诉我们，苹果和梨子是两回事，是不能简单相加的。可学校为什么把我们的苹果和梨子加在一起？我见义勇为得来的分数，怎么能因为迟到就给我扣掉了？"

是啊！苹果和梨子怎么能简单相加呢？再说，给品德打一个笼统的分数，很难让教师正确、全面地认识学生，不利于因材施教，也容易使学生本人自暴自弃，不利于他扬长避短。

我感觉这是一个非同一般的孩子，就和他商量："如果你感兴趣的话，希望你能设计一套你认为合理的评价方案。"他有些惊讶地望着我，见我很是认真的样子，激动地点了点头。

襁越的不同凡响就在这儿，接到这个任务后，他并没有自己动手，而是在校园里贴出了一张海报。

校长授权襁越，组织力量研究学生综合评价方案，有志者请与高三（3）班襁越联系。联系时请说明你的特长情况。

这个小家伙！

据说，具体研究的过程是保密的，但最后的结果叫我们很振奋。后来我们实施的学生星级管理方案，就是在襁越方案的基础上修订完成的。

我记得襁越的方案第一条原则就是彻底改变苹果加梨子的评价方式；第二条原则有点儿较劲的味道，是一句"我就是我！"的口号，还带着引号。后来看了方案我才明白过来，就是对每名学生不同方面的素质进行客观记录，纪律的分数是多少就记多少，卫生的成绩也不与别的相抵，是多少就记多少，这样才能通过客观记录真实地了解一名学生的情况，所以他说："我就是我！"

有意思，而且有道理！

在这个方案的基础上，我们进一步完善，就有了一个星级管理的方案，学生在每一个方面都可以争夺星级。

"有点儿落叶怕什么"

我刚接任校长的时候，一位老领导曾告诉我，一所学校只要班级乱不了，就不会有大问题。于是，我把班主任工作紧紧抓在手上，一日常规考核、每周综合评价、按月兑现奖惩，用老师们的话说，就是把班主任折腾得"死去活来"。学校倒是没乱，表面上学生蛮守规矩的，可班级生活质量每况愈下，师生关系高度紧张，在一次"我最爱戴的老师"评选活动中，一半以上的班主任老师纷纷落马。

我开始困惑了。

后来，我发现在学校制定的十几项乃至几十项扣分项目的"关照"下，学生在校园里一个个如履薄冰，学校给班主任的压力，在班主任手里已经变为压力的平方压到了学生头上。迟到一次扣两分，而对于为何迟到学校是不问的，因为学校没有更多精力去弄清楚理由，于是班主任也就不分青红皂白。即使班主任知道学生有合理的理由，也仍然是讥讽、挖苦、恶语相加。把学校办得像监狱一样，这实在是教育的悲哀。

一天，我收到一封学生特地写给我的信——

李校长：

　　昨天我们班主任刚给我们说了卫生区一天四查的制度，今天我们班就因中午卫生区有树叶被扣了一分。老实说，我们对这事有几分愤慨。我班的卫生区从车棚一直到工地小屋，可以说是全校最大的卫生区了，叶子随时在落，不可能保证没有一片树叶。今天上午课间操，我们出动了两个最能干的同学去打扫，结果做完课间操，她们还在打扫，多亏其他同学帮忙才打扫完。即使这样，第三节课还是耽误了几分钟。

　　校长，有点儿落叶怕什么？我们都已经高三了，没有多余的时间耽误在学习之外的事上，更没心情去为几片叶子忧心忡忡。我想不仅我们班，所有班级打扫卫生区的同学都会有这种感觉。这种一天四查的制度是在浪费我们的时间，极其不合理。

　　……

九五·九　宪帅

　　真得感谢这封来自学生的信，它让我静下心来对班级工作进行了比较深入的思考，终于找到了问题的症结。原来，问题的根源竟然都在我们学校管理者的身上。我们的确和班主任太计较了。班级的每一项检查评比，都要周通报、月汇总，张贴得人人皆知，大事小事都要和本来微不足道的班主任补贴挂钩。我们给老师的压力太大了，于是他们只好把这个压力转嫁到学生身上。于是，斤斤计较、相互猜忌的师生关系代替了宽容、和谐、健康向上的班级生活，只看眼前不问长远的班级建设的短期行为，只重治标不重治本的顾此失彼的工作方式，都在班级管理中"淋漓尽致"地表现出来了。

　　我开始思考怎么与这种我们已经习以为常的管理机制告别，不再和老师们在狭隘的小圈子里计较。于是，我们实行了班主任职务聘任制，把班主任职务分为五个级别，每年进行一次聘任，对班主任工作的评价，以模糊代替了"精确"。虽然照常要关注学生迟到、早退、校服不整等管理工作中不可回避的小事，但不再以此和老师们日清月结地"算账"，而是让它们成为学校、老师以及学生的参考。而提高班级生活质量，建设良好校风，为学生创造充满成长气息的精神家园，则成为我们衡量班主任工作的首要条件。班主任在学生中间的威信，则是我们考察班主任的一项最重要的指标。

班主任开始变得宽容起来，他们不再和学生计较。他们的思考也显得更加深邃、更加长远，他们从盯着学生一天的一举一动，变为关注学生的发展潜能；从急躁、喜怒无常中走出来，变得大度、自信、宽容起来。机制的变化，带来了可喜的局面。

学校机制建设首先要立足于班级生活质量的提高。任何一名校长都希望塑造一个好的校风，都在考虑用一个好的机制来保证校风的形成，但这个机制首先必须有利于班风建设。先有班风，然后才有校风；立足于班风建设，才会有良好的校风形成。

第3章

高密教育

在担任高密市教委主任三年多的时间里，我围绕着"让高密的孩子接受更好的教育"这一主题，在县域内进行了一系列探索。什么是好的教育？良好的校园环境、现代化的教学设施、一流的师资力量……似乎是，又似乎不全是。因为最好的教育应当是着眼于孩子一生发展的教育，应当是关注孩子心灵的教育，应当是使师生感受到自由、幸福和快乐的教育。

1／用"考试"指挥一台交响乐

畸形的考试带来畸形的教育

1997 年 12 月，组织上安排我兼任高密市教委主任。

从学校到机关，一开始我竟找不到感觉。18 年的教学生涯，让我已经习惯了书声琅琅的校园生活，有事没事，到老师们的办公室坐坐，和年轻的聊聊，与年老的侃侃，许多灵感便不由自主地冒出来。

在机关里，我发现根本就不能到科室里去"转悠"。行政层级似乎使大家习惯了对权力的服从，而要改变这种层级式管理文化，绝非一日之功。

我必须到学校去。

参加工作以来，我一直没有初中、小学的教学经历。对于管理全市的教育，显然，我心里没底。所以，我决定到初中、小学去。

距教委东南一公里处有一所初中——高密市立新中学，它是一所不错的学校。我决定到那里去蹲点。

一走进校园，我就感到有点儿不对劲。

马上要放寒假了，学校正在举行期末考试。校园里，许多孩子是跳着蹿出考场的，而且一边跳，一边把手上的纸撕得粉碎，撒得纷纷扬扬。操场上，三三两两的孩子在烧着什么，我有点儿不放心，赶过去一问，他们说是刚刚考过的学科的教材和参考书。

我有些吃惊。校长杜光军倒是很镇定，他告诉我，这些学科大都是历史、地理、政治，全靠死记硬背的教学和考试使孩子们"恨之入骨"，所以，一考完试，他们就像是解放了一样，用这么一种方式来发泄。

杜光军是一名优秀的校长，看到他用这么平静而又无可奈何的语气说话，我更加感到了问题的严重性。我向他要来了刚考过的试卷。

都是考的什么呀？

历史试题竟然是为清朝皇帝在位时间排序，"康雍乾、嘉道咸、同光宣"的顺序被完全打乱了，要孩子们重新排列。而且，还要对康熙与乾隆在位的时间进行比较分析。还有瓦岗军起义时间、黄巢战死地点的选择填空等。

政治试题则更叫人费解，诸如什么叫品质、友情的三个特点……这种考试究竟要把教育教学引向何方？难道孩子们知道了什么叫"品质"，他们的道德修养就能提高？难道他们掌握了"友情"的三个特点，就会交朋友了？

畸形的考试必然会带来畸形的教育。

当我把这些试卷拿到教委办公会上的时候，大家感到了问题的严重性。我们整天都在呐喊实施素质教育，可有这样的考试在，谁还会相信我们的呐喊？谁还敢跟着我们跑？

1998年3月31日，我到教委后的第二次办公会议上，决定把考试管理作为教委工作的重点，把对考试命题的研究作为教研室的重大课题。

对考试命题人员进行培训，对大型考试进行分析，不断修正考试中存在的问题，严格控制各种基础训练的质量，这些都成为教委要直接面对的工作。

一开始，大家并不是太认真。他们以为，这可能是新领导的"三把火"，烧过之后，就会烟消云散。到那时候，可能又会回到起点，重走从前的道路。

考试，是芝麻还是西瓜？

市教委主任抓考试的事很快就传开了，有人高兴，有人吃惊，更多的人是不理解。

在一些人看来，抓考试就是抓应试教育。原先有个教研室抓抓考试就够可以的了，再加一个市教委，那还了得！

有人感到很新鲜：新来的教委主任是教师出身，是不是行政管理没本事，要来个扬长避短，在考试上显山露水，弄弄拳脚？

也有人叹气：校长当惯了，囿于校园，境界不高，不懂行政……

但更多的人却非常坚定地支持我，他们用实际行动开始了向教育本质规律靠拢的改革。

考试改革从问题最多的政治学科率先突破。

教研室的政治教研员很有悟性，也很有气魄，他设计了二十多种新题型，并配有样题，开始对政治教师进行培训。题型包括以下这些。

实话实说、关注社会、关注热点。

时事评析、时政论坛。

塑造自我、认识自我、学会做人。

请你当法官、请你来评判。

请你谈看法、请你来点评。

请你发表见解。

这些题型一改过去填空、选择的老面孔，给人以鲜活的气息。

看到这些题型，老师们很是振奋。其实，他们早就对过去的死教死学深恶痛绝，只是无可奈何罢了。

考试一变，课堂就随之而变。各所学校的政治教改如火如荼地搞了起来。

以活动为主线的政治课教学率先在立新中学实施，这项改革的一个核心，就是重视体验在学生品格养成中的作用，把政治课中的许多专题设计为学生的自主活动，让学生在活动中实现对教学内容的理解、感悟和体验。姚哥庄中学的政治老师们放开了手脚，让学生自己创设教育情境，并在情境中感受，学生的创造热情日益高涨。

小课题研究在向阳中学的政治课上大显神通，收集信息、处理信息成为学生们的"家常便饭"，连学校门前电话亭的业务都调整了。因为学生们阅读积极性的提高，电话亭根据他们的要求，新进了大量报刊，每天的业务量大大增加。为此，电话亭的老板竟提着水果到政治教研组去感谢老师们。

一时间，考试指挥棒下响起了欢快的素质教育交响乐！

还没等我高兴起来，立新中学的徐丽霞老师就找来了，她来反映期末语文考试的问题。

原来，教研室发到学校的期末语文考试样题中许多阅读分析、文学常识的题目出自我们向各个年级学生推荐的课外阅读书上。现在，各所学校的老师们开始分工研究从这些推荐书中出题。这样一来，就在学生原来的负担之上，又加了一个新的更大的负担。

找来语文教研员，我才明白了他们的"良苦用心"。他们向学生推荐了一大批课外读物，希望以此提高学生的语文综合素质，但许多学校却无动于衷。考试是为了推动语文课外阅读，以提高学生的语文水平。

语文考试的"经"差点儿被念歪了！

如果着眼于量的考查，着眼于知识的考查，就永远摆脱不了教学与考试的恶性循环。因此，必须从根本上确立以考查能力为主的命题观。通过讨论，我们形成了这样一些基本原则。

1. 用什么教材、学生读什么书并不重要，关键在于扩大阅读总量。这样才能应付以考查能力为主的试题。

2. 教研室之所以指定一部分必读书，是因为这些书对特定年龄段的学生比较适合，用这些书培养学生的能力较为有效，而并不是为了在考试中考这些书中的内容。

3. 不从课本和指定篇章中出阅读分析题，以避免教学中的重复，加重学生负担，使学生厌倦学习。

4. 文言文阅读考试题目选自与课文内容相近、与课文水平相仿的课外材料，一般不直接出自课本，以推动文言文阅读。

5. 写作不要搞得太碎，一般以一篇大作文为宜，小作文题型训练不宜占用学生太多时间。学生的语文水平上去了，教师点到即通。

6. 课本中最应该让学生记住的才考，如名人名言、名家作品，必须是最为重要的，二流的东西一般不考。丢点儿分数，也不必可惜，因为学生可以省出时间学一流的东西。

7. 考试的题型不要绕圈子，不要太玄奥。

这些原则，体现了两个重要观点。一是就知识来说，不能无原则地给学生加压，不要怕学生猜到题目，只要是重点，只要你考的是重点、他学的是重点，即使猜到了，又有什么不好？二是就能力来说，肯定不能靠做练习或猜题目提高成绩，提高成绩必须通过综合能力的提高。

一切又归于平静。

不过，我们并没有就此停止，而是以此为开始，对各个学科的试题进行全面分析，形成分析报告，定期征求老师、学生的意见，进行各种模拟性命题、检测活动，评选命题专家，组建命题工作专家库。

对考试的重视，从领导的嘴上走进了老师们的心里。

1998 年 12 月，在全市教育系统最后一次综合办公会上，我明确地告诉大家，考试、督导、课程管理是教育行政部门最为本职的工作，是万万不能忽视的，别的不抓，也要抓好这三大件。

当然，别的工作也还是要抓，我只是要大家清楚：考试，不是芝麻，而是西瓜，一个很大很大的西瓜！

一封学生来信引出的督察评价

1999 年春天，高密的教改颇有点儿百花齐放的样子，考试改革壮了老师们的胆子，大家已经看到，教学水平的高低到了重新"洗牌"的时候了。

切不可高兴得太早！

一所初中学校在期中考试后闹出风波。一位青年语文教师所教班级的语文成绩，在开学后的三次考试中都排倒数，按学校末位淘汰的考核办法，这位教师应该在期中考试后落聘待岗。

可学生们不干了！他们太喜欢自己的语文老师了，是他把他们带到了一个又一个神奇的世界里，又让他们在名著的滋养中学会了思考。这位老师的语文教改已经如鱼得水，连他自己也陷入了让人如痴如醉的语文课中而不能自拔。

孩子们找到了校长室，他们甚至告诉校长："看我们真正的语文水平吧，我们不会差的，不信到时候再看！"

到什么时候？谁能知道你们十年后的语文水平！

与校长发生了不愉快之后，他们将一封签满全班学生名字的信寄到了市教委，强烈抗议学校的做法。

第二天，一个调研组来到了这所初中学校。

原来，校长也是无可奈何。镇教委为了确保教学质量万无一失，每个学期要进行两次摸底考试，从命题到阅卷全部统一，汇总出的成绩尽管不排名次，但要公之于众。校长的压力实在太大了！于是，学校在镇教委考试的基础上，每学期又加了两次小统考。如果再算上开学检查考试，每学期的考试就变成了五次。

如果把考试仅仅定位为评定优劣，考试就必然会成为一个教育的怪胎。那位青年教师的语文教改是在为孩子们的终身发展奠基，但眼前的考试却是一道过不了的门槛。

难怪初中学校的老师们说，不怕中考怕小考，小考关口过不了，不到中考就下岗。

1999年6月，督察学校的评价工作成为我们的一个专项督导工作。

一开始，大家并不适应。有人说：市教委管得也太宽了，连学校怎么评价教师都管起来了，不是要给学校自主权吗？

其实，市教委一直在放权，包括中层干部的任免权、副校长的提名权，都已经全部放给了学校。财权也在下放，原来统收统支的财务管理模式已被打破，校长的法人地位得到了较好的确立。

但评价的权力却必须置于教委的监督之下，因为教育的价值导向问题事关重大。

专项督导如期进行，三路人马下去，收获很沉重。

原来，把每一次考试都作为评价教师的指标，在好多学校已经被视为理所当然的事。在有些人看来，真正好的教师，应该经得起每一次大大小小的考试，不然还算什么本事！

可是，我们偏偏没有这样的本事。一项面向未来的教改、一项着眼于孩子们终身发展的实验，必然要用一定的时间来检验。如果眼前的考试全都能应付，我们就不会有太多精力去关注明天！

7 月中考时发生的一件事，帮了我们的大忙。

一位在学校期末考核中因为历次小考成绩不佳而居于末位的班主任教师，在改革后的中考中大出风头：全班 47 名学生，达到高中录取线的有 41 人，其余 6 名学生也有 3 名因为艺体特长有望被高中学校破格录取。

事实远比说教更加有效。

1999 年 7 月,成为高密教育的"反思月"。大家都在反思学校评价中的问题，思考如何给教学一线的老师们松绑。

趁热打铁，我们对重点调度的部分学校进行了全面督察，排查出二十多项影响教师潜能发挥的管理和评价问题。同时，关于加强和改善教师评价工作的意见也正式出台。

2 / 推进素质教育从难点开始

从"乐园"建设入手

1998 年的校园闪烁着考试的"刀光剑影"。

周六上午上课还是高密所有学校的老习惯。家长们对孩子在双休日里的生活不放心，希望学校能够把孩子尽可能多地"圈"在校园里。

我非常清楚，如果这个时候取消周六上午上课，势必会在社会上引起轩然大波。

"三把火"不能烧，即使烧，也不能烧在这个时候。

可是，学生也太辛苦了！

年初我们梳理工作要点，提出了"四园"建设的目标。我们希望通过努力，把学校办成充满亲情的家园，生动活泼的乐园，探索求知的学园，墙壁开口、花草说话的花园。总之一句话，把学校办成令学生向往的地方。

我想，先从"乐园"建设入手，把学校变成孩子们的乐园，孩子们自然就解放出来了。

我们选定了教育基础比较好的河崖镇作为改革试点，通过压缩必修课课时，首先把周六上午变为选修课时间，开发学校课程，尊重学生的选择，让他们生

因陋就简建设乐园

动活泼地发展。

河崖镇的试点是成功的。

1998 年 7 月 28 日，全市基础教育综合改革现场会议在河崖镇召开。会上，我们参观了河崖一中、河崖中心小学、东流口子小学。这些学校从自身条件出发，开发了大量学生喜闻乐见的选修课程。理想变成了现实，校园开始变成了孩子们的乐园。

会上，大家啧啧称羡；会后，他们却按兵不动。

分管基础教育的副主任有些坐卧不安。不少学校强调客观条件，于是他又选取了几所条件较差的学校作为第二批试点单位，因陋就简，开发泥塑、剪纸、自行车维修等不用花钱甚至还能挣钱的学校课程。

二次调度会分片召开，分片参观现场，结果，大家还是按兵不动。

问题在哪里？

当时，中考改革已经开始，高密一中从 1996 年开始就已经把学生的综合素质纳入录取指标，选修课的开设对学生的全面发展，特别是综合素质的提高肯定有帮助。这样的事为什么还是推不动？

我来到一所乡镇初中，校长有点儿吞吞吐吐地告诉我："像我们这样的学校，能考上高密一中的学生没有几个，大部分学生还得瞄着其他高中。再说，能够考上高密一中的学生，没有综合素质也照样能考上高中。"

看来，中考改革必须全面推开。只要有省事的路，惯性就会起作用。其实，最近的捷径通常是最坏的路，但一般人往往是先走着再说。

以中考全面改革带动"四园"建设的思路最终敲定。我们试图更早地让它拉动工作，可是，当年的中考刚刚过去，距离下一年度的中考时间又太长。

1998年秋天，模拟性高中录取工作在一些初中展开，学生、家长和老师们发现，教学质量完全可以在选修课中提高，"乐园"建设与高中升学密切相关，打破单一的必修课结构，创造条件开设学生喜欢的课程，一举两得。

到1999年上半年，全市已有1200多门选修课程进入学校的课表，有300多门课程"出版"了教材，有37个学校团体被命名为市级艺术、体育团体；学校承办市级团体活动21次，其中由4名学生承办的春节文化广场活动受到了宣传部门的肯定；学生社团达860多个，一批学有特长的学生脱颖而出。

把学校变成令学生向往的地方，我们看到了希望。

"风展红旗如画"

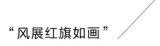

1998年，在市教委第9次常务会议上，我们提出了"发挥高中的龙头作用，以中考改革为突破口，带动初中、小学全面实施素质教育"的思路。

大家隐隐有点儿担心，高中面临着高考的压力，高中的改革会不会难度太大？

会上，我首先给大家讲了高密孚日家纺老总孙日贵应对日本大贺毛巾挑战的故事。

那还是 1996 年高密孚日家纺正在"爬坡"的时候，日本大贺毛巾株式会社的大贺先生主动前来订做毛巾。他们订的是宾馆用毛巾，孚日做好后，他们检验合格，打上大贺的商标，然后进入日本市场。

谁知，第一批货就交不出去，70％的毛巾不合格或者说不符合大贺的要求，被压在库里。原来，大贺在日本是出了名的交货难，他们对质量的要求非常苛刻。

工人们、中层干部们生气了，纷纷提出不做大贺的毛巾了，反正订单多得是。

要知难而退吗？

这时候，决策者的思想非常重要。孚日老总坚持要干下去，而且一定要干好，因为他希望通过做大贺毛巾来锻炼队伍，使毛巾质量上一个台阶，以拓展日本市场。毕竟原来他们一直局限于做温泉用毛巾，档次和附加值太低了。

结果，孚日挺过来了，质量最终上去了。

而且孚日家纺由此提升了自己在日本市场上的声誉，因为在日本，大贺对质量的苛刻要求是声名远扬的，中国的孚日家纺竟敢挑战大贺，而且赢得了成功。自然，孚日家纺的不简单很快就在日本的毛巾业引起了一场小小的震荡。

从最难的"订单"开始，也许会有意想不到的效果。

但道理是道理，要动真格的了，大家还是捏着一把汗。

1998 年 10 月，全市高中教育教学改革座谈会在高密一中召开。会上，一中的经验引起了高中校长们浓厚的兴趣。

"语文实验室计划"、"十大自我锻造工程"、"优秀学生自修制度"等学生自主选择、主动发展的育人模式令校长们耳目一新。而且，这些经验已经从理论层面进入了操作层面，实践性很强。

会上，大家基本上取得了共识，从学科认知规律和学生学习规律入手，既能应对高考,又能减轻学生的负担,培养学生全面素质的目标是完全可以实现的。

会后,尽管各所高中的改革程度不同,但由此带来的鲜活空气却令学生们欢欣鼓舞。

1999年4月,我们将全市初中教育改革工作会议开成了一个流动现场会,考察高中学校的教改经验成为会议一项别出心裁的议程。

高中学校的尝试让初中校长们既感到意外,又感到振奋。他们有点儿吃惊,又有点儿惭愧。

流动会议的最后一天,讨论中考改革的草案。

学生综合素质评价在高中招生录取中占有一定的地位这一点被正式列入方案,高中校长们已经明确表示,高中需要具备综合素质的学生,大学更需要!这样的学生既能应付高考,又有充足的后劲!

一个在会前争论不休的方案,这次在会上几乎没有了反对的声音。

4月公布方案,到7月中考录取时,各高中学校就惊异地发现,孩子们的创造性大得惊人。

高密一中收到了古城初级中学郭大帅的“地面低空气象卫星结构设计图”及理论飞行路线论证报告。这引起了录取人员的怀疑,他们不太相信一个初中学生能有这样的思路,要知道,其中涉及的知识已经不是一个中学生能够把握的。

他们来到古城初中,到处找郭大帅,终于在一间体育器材室里找到了他。原来,他又在鼓捣一个“低空卫星发射用火箭”,这回不仅是设计,连模型都出来了。与郭大帅谈了几分钟,老师们就掂出了他的分量,二话没说,就拉上他到高密一中给学校科技小组的学生上了一课。

当然,郭大帅的中考也胜券在握了。

而柏城镇人民政府的一封感谢信更叫我们兴奋不已。

1999年8月,都快立秋了,高密却发生了一场百年不遇的洪涝灾害。高密的母亲河——胶河奔腾咆哮，使沿岸三万多人无家可归。

柏城镇地处胶河沿岸，柏城中学初二学生邱鹏等人在老师的鼓励下，从源头到入河口，长途跋涉，几个周末都泡在母亲河上。

初生牛犊不怕虎。他们将一篇《母亲河在哭泣》的报告送到了柏城镇政府，同时，还附了一叠图纸，既有河堤改造建设剖面示意图，又有防护林带植被规划设计图。这些图纸连指导老师都看得有点儿眼花缭乱。

1999 年 11 月 23 日，柏城中学校长突然收到镇政府的一封公函，打开一看，竟是镇政府的感谢信。

镇中学：

你校环保小组邱鹏等同学送来的关于"母亲河在哭泣——胶河两岸受灾原因及防洪设计"的调查报告已收悉。所提问题切中实际，整治措施具有参考价值，政府有关部门已就此做了研究，计划明年对我镇胶河段进行综合治理。在此，向你校环保小组的同学表示谢意。

柏城镇人民政府

校长非常感慨，教书育人二十载，成绩也曾辉煌过，但收到镇政府的感谢信，还是第一次。

"高中带动，区域推进，三段联动"的经验得到了各级教育行政部门的肯定。2000 年 6 月 3 日，国家总督学柳斌考察高密教育，在听取了情况汇报，实地考察了高密一中、城南中学、康成中学后，他激情洋溢地发表了谈话。

他说：

……从全国总体上看，素质教育是小学搞得最好，初中次之，高中最差。在教育部新成立的小学校长培训中心挂牌时，我的题词是：让素质教育的曙光

柳斌总督学视察高密教育

首先照耀小学。高中面临高考升学的压力，受制约最大；小学远离高考，校长和老师最容易从应试的压力下解放出来。普通高中的素质教育，长期以来被比喻为"雷区"，很多人不敢涉足，但高密，特别是高密一中全面实施素质教育，很了不起，这种精神很值得称赞。我在其他地方看到和听到的是高中校长顾虑重重，认为高考不改革，在高中推行素质教育就不可行。高密一中，特别是李希贵同志的成功实践，证明在高中推行素质教育是完全可行的，关键是提高认识和转变观念。智者先知，勇者先达，李希贵同志的汇报讲了一些深层次的问题，很有启发意义，我完全赞成……

柳斌总督学显得有点儿激动，他最后用"风展红旗如画"来形容高密教育的探索，并欣然题词："向着素质教育的道路阔步前进！"

学生在实践基地"失踪"

柳斌总督学给高密的鼓励，在全市中小学产生了很大影响，使我们更加坚定了实施素质教育的信心。大家的教改热情更加高涨，培养学生的创新精神和实践能力成为教育改革新的着眼点。

但教育设施、师资成为制约改革的瓶颈。

恰在这时，教育部提出建设中小学创新实践基地的要求。这为我们打通了思路——整合教育资源，让各所学校共享，一所学校难以办到的事情拿到这里来办。

2000年7月，在原来职业中专的基础上，高密市中小学创新实践基地正式建成。全市的初二学生，每年将有一周时间来基地参加实践活动。

基地一开班，就让来参加活动的老师和学生感到震撼。

三十多门选修课程，覆盖了机械、电子、航天、生化、艺术、汽车驾驶、手工等十几个门类，除军训、安全救护是每名学生必须修习的之外，其余的全部由学生自由选择，只要拿到一定的学分即可结业。

每一名学生似乎都有自己的主张，他们每时每刻都在忙个不停。无须维持纪律，不必调动积极性，学生们的神态告诉你，他们幸福极了！

老师们感慨万千，自由选择竟然有如此的力量！什么时候我们的学校也可以通过自由选择来改变学生长期以来的厌学情绪？把学校办成令学生向往的地方，说难也难，说容易倒也挺容易。

许多课程因陋就简开设，也叫不少校长大开眼界。过去一提培养学生的实践与创新能力，大家总是强调条件，不是没设施，就是缺师资。在实践基地，好多课程的开设是不需要什么条件的，老师们坏了的摩托车，竟也成了维修课的器材，学生折腾半天，再骑上在校园里转悠几圈，跟骑一般的摩托车感觉就是不一样，因为毕竟是自己亲手修好的。

市环保局的领导闻讯赶来考察，激动得当场表示，把环保局化验室的设施捐赠给基地，让学生在动手体验中培养环保意识。

教科院的老师们也来了。当时，高密已经被批准为国家级课程改革实验区，为保证新课程的有效实施，他们承担着综合实践活动的前期调研工作，他们的诸多困惑在这里找到了答案。

基地是孵化器，是示范点，是实验田。它在为学生提供活动场地的同时，更加深远地影响了教师、教育了校长，他们从基地得到的东西太多太多了。培养学生实践能力与创新意识的种子，被撒到了高密的所有学校。

孩子们真的是爱上了这片土地。到第二期培训结束的时候，基地竟发生了一个不大不小的"麻烦"。

"麻烦"出在带队老师的粗心上。七天的培训结束后，带队老师把学生带回学校时才发现少了一个郑斐，这可吓坏了他。上天入地，怎么也找不到郑斐的影子。

不承想，基地第三期的培训班里多出了一个学生。

原来，郑斐实在不愿离开这里，而且，他刚刚选择了饲养课，一只毛茸茸的小兔子叫他爱心萌动。于是，在集合的时候，他躲到桌子底下逃过了老师、同学的眼睛。

要让学校成为学生向往的地方并不难，基地用事实证明了这一点。

2000年春天，教育部副部长王湛考察高密教育。他来到中小学创新实践基地，参观了园林花卉室、生物探究室、养殖室、学生成果展室、无菌工作室、汽车模拟驾驶室、环保室和农业实用技术室，对基地的工作给予了充分肯定，他说："高密集中人力、财力、物力建立学生创新教育实践基地，为培养学生的创新意识和动手实践能力闯出了新路子。"

3 / 实施教育思想领导

目标：两年把"实权"用尽 ╱

日本东芝公司总裁土光敏夫有一句话："权力是把传家宝刀，最好不要拔刀出鞘。"

我很喜欢东芝的管理文化，土光敏夫的这句话也一直被我写在笔记本的扉页上。任职于两所不同的学校时，我基本上实现了尽可能少地使用权力的目标。

可那是在学校里，学校本来就没有多少权力，而到教委就不一样了。

我到教委上班不到一周，接待的来宾络绎不绝。我统计了一下，大概不下两百人。晚上到家里敲门的有多少，我没法儿统计。有一段时间，我爱人甚至不敢开客厅里的灯。电话就更多了，祝贺"荣升"之后，大都"不好意思"地"麻烦"点儿事。我归拢了一下，无非是分配、调动、提干、评职称。

看上去，教委主任的权力也够大的了！可是，权力越大，就越容易被购买权力的人所包围，最终叫你什么都干不了。

权力可以帮你干事，也可以坏事！

用两年的时间，把所有权力都变成制度，变成一个人说了不算的事情——上任的第一个星期，坐在那间还不是太习惯的办公室里，我为自己确立了一个看起来有点儿奇怪的目标。

上任之后的第一周，我首先"取消"了自己的人事权。

1998 年 1 月，临近春节，我找到市委书记，向他汇报了教育系统特殊的人事状况。全市中小学总共近万名教师，有近 7000 名在乡下，市区 2400 个编制已填进了 3000 多人，已经超编 600 多人。为此，我们只能采取不得已的办法——冻结。以后再调入教师，要按需招考。

第二天就是市委常委会，议完所有的议题，市委书记插上了一句："教委正在研究新的教师聘用办法。今后，谁都不能找教委调老师。教委的规矩，谁都不能破！"

市委书记说到做到。他在高密工作的三年时间里，从未找教委调过一名教师。后来，他告诉我，他也顶着很大压力，许多人都希望打通他这个关口，北京、济南不知有多少条子塞到了他的办公桌上，有些还是相当高级别的领导的。

领导首先做到，事情就好办多了。

从 1997 年 12 月到教委上班，到 2001 年 5 月 17 日离开教委主任的岗位，我从未利用自己的权力调过一名教师。教师流动年年都在进行，但那都是通过招考按规矩办的。

没有了人事调动权，我感觉像是减掉了一半工作量，全身轻松了好多。1998 年 5 月，"权力还家"工作如期进行。我把学校中层干部的任用权、副校长的提名权全部放给了校长。让权力归队，它才能发挥应有的作用。不然的话，事与权分离，势必会造成效率低下。

其实，对校长的权力也有制约。他们聘任的干部必须是教育人才库里的后备人选，否则，教委可以一票否决。工作进展很快，校长们对此早已有所准备。我当校长的时候，就曾经要过这个权力，现在当教委主任了，还会"翻脸不认账"？

"权力还家"还包括归还学校的财务支配权。为了防止学校在财务方面出问题，也为了集中财力办大事，许多乡镇教委把学校的财务集中起来，学校不再单独设账，而由教委统一管理。有校长开玩笑说，买个大扫帚校长也没有权力。开玩笑归开玩笑，事就是这么回事。与之相应，市教委也管了不少不该管的学校财务权。

怕出事不是还有别的办法吗？成立审计科，由专、兼职审计人员定期审计学校财务。

当然，教委本身的财务权，我还是沿用了当校长时的做法，由分管财务的副主任全权管理，我不敢把过多时间用在签字上。而每年一次的年度预算和每月一次的月度预算却是雷打不动的。

到教委半年多了，高密一中校长的帽子还顶在头上，尽管从兼任教委主任后，我就宣布一中的工作由副校长主持，但在其位难免常有不谋其政之忧。1998年9月，我最终说服了市委领导，摘下了一中校长的帽子。不是我不喜欢一中，也不是我不喜欢校长的工作，而是因为不交出位子，就难以真正交出权力。

1999年10月，当我把最后一项权力——决定会议、签批通知的权力，也用制度规定下来的时候，我作为一个教委主任，手上已经没有什么"实权"了。我基本实现了既定的目标。于是，围在身边的人慢慢少了起来，我开始找到了在学校时的感觉，潜心做事已成为可能。

其实，这是一个艰难的过程，它甚至比掠夺权力还要艰难。

用故事传播思想

学校工作的经历使我明白，对教学工作的领导靠行政命令是不行的。

如果一位老师没在内心深处真正理解先进的教育理念，那么他不仅不会去实施，也不懂得怎么去实施；如果一定要他实施，那么说不准会闹出笑话来。

所以，苏霍姆林斯基早就告诫我们，对学校的领导，首先是教育思想的领导，其次才是行政上的领导。

对此，我深信不疑！

可是，怎么实施教育思想的领导？面对一所学校，我已经有了一些经验，可面对一个县的两百多所学校，我心里就没底了。

我尝试着从交流开始。

1998 年 12 月 3 日，全市素质教育报告会在市电影院召开。1200 多名中小学校长、骨干教师参加了报告会，我结合亲身实践，讲了三个小时的学习体会。一开场我就向大家表明，今天我不是以教委主任的身份向大家布置工作，而是以一个普通教育工作者的身份与大家交流。大家可以听，也可以不听；听完了，可以相信，也可以不信。

我讲的基本是我和学生之间发生的故事，没有什么时髦的教育理念，更没有什么高深的道理。会场上的气氛告诉我，有点儿效果，老师们若有所思而又心领神会的神态表明，肯定比学习文件更有效果。

报告会之后两天，为了配合教育观念的更新，我们又决定把 1999 年定为《给教师的一百条建议》学习年。

大家的热情似乎起来了！

拿起表扬的武器、机智地面对得意忘形的孩子、老师的心目中不应该有坏学生、多一把尺子就会多出一批好学生……每一个观点都有许多故事，读一读很新鲜，听一听很热闹，可这些故事毕竟发生在教委主任身上，有几个人能跟教委主任比呀？

时间一长，大家的热情又慢慢冷下来。

其实，与学生掌握知识一样，只有老师们有了属于自己的教育体验，他们才能掌握属于自己的教育方法。

必须从老师们中间发现、挖掘、总结、升华属于他们自己的教育故事。

在全市素质教育报告会上

1999年，整整一年的时间，在立新中学担任助理班主任的经历帮助了我。与校长、老师一起面对同样的教育情境，使我收获了许多与他们相同的教育感悟与体验。

拿起表扬的武器容易，不容易的是面对被表扬之后忘乎所以的学生。初一（2）班的班主任徐丽霞老师，马上就遇到了一个无法回避的问题。

一些从幼儿园开始就一直当班干部的学生，在班上颇叫老师头疼，初二（3）班的班主任李玉泉老师与我探讨的难题就是"如何培养不会当群众的学生"。

每一个问题的解决，都是一次教育水平的提升，而其中必然会有一个平凡而又曲折动人的故事。

这些故事再真切不过了，我想尽快把它们传播出去。

事实上，大家都在盯着我们的一举一动。没等我们"广而告之"，好多学校、乡镇就纷纷发出邀请，希望立新中学的老师们去讲故事。首先被邀请的就是我给他们做助理的两位班主任——徐丽霞老师和李玉泉老师。

发生在普通老师身上的故事特别容易打动老师们。徐老师和李老师的十几个教育故事，在高密的许多学校"家喻户晓"，而由此裂变出的教育智慧更是叫孩子们受益匪浅。

一时间，跟踪学生，捕捉问题，研究教育艺术，成为高密教育的时尚。

当然，事情远没那么简单。

1999年春天，期中考试时，有一位小学校长被一个"借分的故事"打动。故事中说，有一名语文成绩不好的学生，在一次语文考试中考了59分，老师借给他1分，给了他一个成功，但同时提出必须在下一次考试时归还10倍的分数。从此，这名学生发愤学习，在下一次考试中竟得了87分，按照原先的约定，老师扣掉了10分。这名学生自此爱上了语文学习。

故事倡导的是一种精神、一种教育理念，但这位校长却急于求成，他决定在全校后进生中开展一次大规模的借分活动。

　　结果，活动使孩子们苦不堪言，借来1分，必须归还10分，"后顾之忧"压抑着他们的心灵，每次考试结束，等待他们的像是刑场。借1还10并不是一件简单的事。

　　故事告诉你的是理念，可我们常常照搬故事中的方法，而运用行政的手段则必然会使教育变得刻板而又苍白。

　　当我来到这所学校的时候，校长正在校会上发脾气，让他想不到的是，好经叫老师们给念歪了。

　　我直截了当地告诉他，念歪这个经的不是老师，而是校长！

　　一个故事可以让老师们探讨出一百种、一千种方法，面对千差万别的孩子，我们也应该有千变万化的方法，凭什么由校长一锤定音，连运用什么教育方法也来个行政命令！

　　这下轮到我了，我要搞一个全校大讨论，我想试一试老师们的分量，看看大家能创造出多少种方法，同样可以达到借分的效果。

　　结果让这位校长很吃惊。重要的是观念而不是方法，有了好的教育理念，方法可以创造出好多好多。老师们的潜能，远比我们预料的要大得多。

　　1999年秋天，"我和学生的故事"面向全市的老师们征稿，然后结集出版。这既是对老师们的奖赏、鼓励，又成为他们爱不释手的教材。

　　2000年1月，我在高密教育资讯网上开辟了一个新栏目——"每周推荐"。整整一年，我坚持每周在网上向全市的老师们推荐一个故事或者一篇文章，而且同时发一个"随看随想"。也许并不是所有人都关注这些故事，但人们只要关注，只要用心揣摩，就肯定会有收获。

　　这个过程，也是逼迫自己学习、提高的过程。

同步编写《素质教育观念学习提要》

2000 年 6 月 25 日，教育部《素质教育观念学习提要》编写组成立，我应邀参与其中。

早在李连宁司长考察高密的时候，他就向我谈到过这个问题。2000 年春天，李岚清副总理、陈至立部长多次提出，我们整天喊着要基层的同志转变教育观念，到底应该转变哪些观念，转到哪里去，这些，我们首先要弄清楚。

是啊！我们静下心来想想，这的确是个大问题。

在高密，我们在转变教育观念方面零零碎碎地做了一些工作，可并没有做过系统的思考，更没想过给一线的老师们提供一个学习读本。

这是个好主意！

编写组由基础教育司李连宁司长和国家教育发展研究中心研究员叶之红主持，有很多国家级专家、学者参与其中。

能在这样一个团队中工作，对我来说，是个很好的学习机会，我更想把这个机会变成整个高密教育界的学习机会。于是，在参加教育部编写组的同时，我在"家"里也成立了一个编写组，与教育部的编写组同步编写同一个学习提要。

机会常常要靠自己去创造，特别是一些看起来不像机会的机会。

我们的编写组由两部分组成，一部分是我们的地方教育专家，另一部分就是我们一线的教育干部和老师。我希望这个编写班子最终能成为高密更新素质教育观念的宣讲团。

编写组确立了分三步走的编写战略。第一步工作，面向全市征集意见，工作搞得既大张旗鼓，又扎扎实实。

有人不能理解，教育部已经开始编写学习提要了，用不了多长时间，肯定要编印下发，我们何不借用这个成果？再去别出心裁地搞自己的一套，是不是有点儿小题大做？

如果单纯地从编写一个学习提要来说，是有点儿小题大做。不过，要是从转变观念对高密教育发展的重大意义来说，说是大题小做也不过分。

一开始，连我们编写组的老师们都有点儿轻视这份工作，他们没有把编写过程中统一思想的难度考虑进去，更没有从培训老师的角度来认识编写过程。

果然，编写工作刚刚开始，围绕着提要的题目，大家的意见就相持不下。

是转变教育观念，还是端正教育思想？有的说，一味地提"转变观念"不合适，我们有好多观念是很有价值的，不要说我们已经有了许多有益的探索，即使过去一些传统的教育观，也不能全部"转变"。

那么，哪些是我们有益的探索，哪些传统的教育观应该得到肯定？

要把这样的问题梳理明白，可没那么简单，工作量一下子就劈头盖脸地来了。编写组只好成立了一个又一个子编写组，在我们重点调度的素质教育示范校里，几乎都成立了一个小班子。当然，班子的成员对此都是"业余爱好"。

对人才观的讨论则更加激烈。讨论从培养创新型人才开始，一直到特长教育与个性发展的关系，最后，围绕如何对待所谓没有特长的孩子，编写组内外争得不可开交。其实，对特长的理解也需要放开视野，如果从心理品质的角度看，一些看上去没有特长的孩子，常常具有一般人所没有的坚忍与刚强，这不同样是一种特长吗？

"人人有才，人无全才；人若全才，没有人才"，讨论最终让大家加深了对学生的理解。

而对"四园"建设的讨论，则与我们的实践紧密相连。应该说，经过两年的努力，我们有许多学校已尝到了甜头，但"四园"建设的具体定位，还不同程度地存在许多差距。学校不仅要成为学生向往的地方，还要成为教师向往的地方，教师若没有积极的情感，就不可能培养出情感健康的学生。应该说，讨论结果对管理者具有很好的启迪作用。

高密的讨论真有点儿动枪动炮的味道，几乎同时，我在北京的编写组里不断地把在"家"里遇到的难题摆到讨论会上，高密编写组及老师们碰撞出来的思想火花，我全都拿到专家们面前让它们燃烧，借助他们的智慧解决我们自己解决不了的问题。

教育部的活儿不好干，白天八小时从不休息，每天晚上还要把白天讨论的结果全部敲到电脑里，再打印出来，作为第二天讨论的样本。我呢，每天晚上，还要与"家"里的编写组保持热线沟通。

教育部编写组总共举行了四次活动，每一次都牵动着我们高密教育的神经。

2001 年 5 月，《素质教育观念学习提要》正式出版，在第三部分"素质教育观念的实践案例"的 50 个案例中，用到我们高密的就有 13 个。像高密一中的多一把尺子就会多出一批好学生、成立学生技能测试站、把运动会变成体育节、用"比值"进行自我评价，立新中学的学生假日基层挂职，实验小学的营造学校文化氛围等，都作为素质教育在基层的生动实践被写进了《素质教育观念学习提要》中。

我们把这看作是对校长、老师们的肯定、奖赏和鼓励。

以政策巩固观念

1999 年，各校新学年的岗位聘任工作刚刚结束，在教委研究新学年工作的办公会上，有些同志反映，不少中小学在聘任职级的问题上出现了偏差：聘任职级与课时权重的关系没有处理好，有失科学和公平。音、体、美、劳的课时权重达不到语、数、外等统考学科的 1/2，有的甚至仅达到 1/3。这确实是一个严重的问题，按照这样的课时权重来确定音、体、美、劳等学科教师的职级，自然会挫伤他们的积极性，还有谁愿意教这些课程？又怎么能保证这些课程的质量呢？

这是一个危险的信号，若解决不好，我们辛辛苦苦搭建的素质教育平台，可能就会毁于一旦。

面对这个现实，我们认真做了反思。问题出在哪里呢？我们开展了一系列工作：报告会、现场会、调度会……可以说素质教育的推进工作，一环扣一环。我在历次会议上都强调过，推行素质教育，首先应当确立素质教育的教学观、学生观、质量观、人才观；我们开设的课程都应当上好，不应当有主科、副科之分。素质教育应该怎么搞，我想大家都应该明白了，为什么还会出现鄙薄所谓副科的问题？

问问学校的校长吧。校长们说，强调学生全面发展，当然不应该轻视音、体、美、劳这些学科，也不应该轻视这些学科的教师，然而，这些学科上好了，又关学校什么事呢？意思是上好上不好无所谓。他们提出了三条理由：一是这些学科是非统考学科，没法儿列入学校的质量评价系统，一年一度的督导评估也基本没有这方面的内容；二是高中招生录取，不看这些学科的成绩；三是评选教学工作先进单位，只看是否开齐了课程，而忽视了这些学科的质量。

症结找到了，就是我们在政策上有失误，于是我们做出了四项规定。

第一，所有高中招生时加试特长，固定项目有绘画、剪纸、摄影、书法、写作、演讲、声乐、器乐、小创作、田径、体操、球类等 20 多项。除此之外，还可以由学生自己申报项目由评委评定，满分 30 分，列入录取总分。

第二，由教研室统一制定非统考科目的质量检测标准与办法，并由教研室统一组织进行质量检测。

第三，因为督导评估成绩关系到校长的职级，校长看得很重，所以在督导评估的指标体系里加上三项内容：检测学科的管理与质量；检查学生特长教育的标志性成果，如办好艺术节、体育节，给学生提供展示特长的舞台；在评优项目里，加上体育卫生工作先进单位和艺术教育先进单位。

第四，评选时适当提高非统考学科教师占骨干教师的比例。

四项规定，立决立行。当年全市评选的38名学科带头人中，音、体、美任课教师就有9名。不久，学校就出现了新的气象，不仅调整了非统考学科任课教师的课时权重，而且要依靠他们打造学校的竞争力。这样一来，学校空前重视他们的工作。学校的艺体活动、特长教育活动更加红火地开展起来,学校的"四园"建设充满了生气。

自然，素质教育的许多观念，从真正意义上得到了巩固。

4 / 造就一批"教育人物"

打破"彼得原理"

20 世纪 90 年代初期，我曾经被一位校长的悲剧所震撼。

事情发生在一家国有大企业的附属中学，有一位深受学生欢迎的数学特级教师老昝，因为优秀，被委以教导主任的重任。在教导主任的位子上，老昝时时处处注意与老师们打成一片，深得老师们的好评，不久即荣升副校长。干副校长时，尽管老昝感到有点儿力不从心，但有他长期以来打造的好人缘，再加上一贯的兢兢业业，工作上，老师们还是挺维护他的。副校长当了没半年，校长生病了，而且一病就是半年多，刚好遇上职称评定。20 世纪 90 年代初期的职称评定，对学校来说，是天大的事，各种矛盾交织在一起，人人都想赶上这班车，而且，当时大家不知道职称评定能坚持多久，所以老老少少全都瞄着几个有限的职称争得死去活来。

老昝恰在这时主持学校工作，对他来说，处理这种缠人的事情，比证明"哥德巴赫猜想"还要困难。面对着在他看来没有办法解决的问题，最终，老昝竟然上吊自尽！

一颗耀眼的特级教师之星就这样陨落了！

谁之过？

我曾经向许多人发问，没有令人满意的答案。

后来，倒是《第五项修炼——学习型组织的艺术与实务》的作者——美国著名的管理学大师彼得·圣吉告诉了我。他说，在层级式管理体制中，一个人最终将晋升到他不能胜任的职位。当一名员工晋升到他不能胜任的职位时，没有什么比这更失败了。这就是著名的"彼得原理"所指出的现象。

是啊，一位好教师，出路一定是当主任；而一位好主任，就希望晋升为校长。其实，不是所有人都能在这条道路上走通的。于是，大量的人成为失败者。

1998年，我到教委上班，首先想到的就是如何改造这种层级式管理文化。

可是，你不让教师走层级式的道路，你就应该有代替它的东西。

1999年1月，我们推出了一个教师成长系列方案，通过认定不同层面的教学骨干，引导教师走一条属于自己的个性化发展道路。方案规定，通过在教师中评选教坛新秀、骨干教师、教学能手、学科带头人、学者型教师、市级特级教师，不断给他们创造成长与成功的机会、条件，让他们同时获得物质待遇、精神鼓励等多方面的收益。

"彼得原理"被打破了，教师的价值取向也发生了变化。于是，在我们的学校，工资最高的往往不是校长，也不是主任，而是被视为学校顶梁柱的骨干教师们；最受学生爱戴、最受社会敬佩的，也常常是我们的骨干教师们。校长对他们也是"高抬轻放"，视若"掌上明珠"。

一位担任学校中层干部多年，后来又退到教学岗位的老师，给我寄来了这样一封信。

辞掉行政职务，安心当一名教师，我是早有考虑，但直到今年春节才下定决心。为什么？就是碍于面子。

其实，我越来越清楚，我不是一个当"官"的料。而只要一进课堂，我就抑制不住内心的兴奋。看来，我比较适合与孩子们"混"在一起。

人应该过自己喜欢的生活，从道理上是这样讲，但真要冲破世俗观念，仅靠个人的力量是不够的。您亲自倡导并以政策巩固下来的个人成长计划，给了我力量，也给了我一个新的开始。

……

这位老师后来成长为我们的市级特级教师，成为在当地小有名气的学科带头人。

先戴一顶新帽子

1998年春夏之交，面临每年暑期的干部调配工作，有些校长、乡镇教委主任开始托人求情，希望换换工作环境。

我历来主张干部定期交流，有这么多希望换换单位的干部倒不是什么坏事情。可问题是，那些希望换换环境的，几乎无一例外都是"人往高处走"，大家全都希望到条件好点儿的地方去。

也难怪，一个乡镇一个工资标准，乡镇之间工资待遇差别很大，越是工作艰苦的地方，工资反而越低，待遇反而越差；要想出点儿成绩，往往也要付出更多努力。虽说教育工作需要觉悟，可我们什么时候给过觉悟以应有的地位？

不要怪罪他们，该怪罪的，正是我们自己——我们的政策有问题！

这时我看到了一份上海实行中小学校长职级管理的经验介绍。上海为了打破传统的校长管理模式，取消了过去校长的行政级别，实行职级管理。我马上派人到上海去考察学习。

考察的结果，既叫我们振奋，也让我们担忧。上海推进校长职级管理取得的成功让我们振奋；而让我们担忧的是，上海作为引领改革开放新潮流的大都市，在推进过程中都遇到了重重困难，如果真的在高密推进，我们能不能越过那些障碍？

果然，首先遇到的就是行政级别问题。要取消校长的行政级别不仅会遭遇思想观念问题，在管理体制上也存在着无法逾越的鸿沟：副县级的校长全归高密的上级市潍坊市管理。一个县级市的教育改革，难道能冲击到上一级的干部管理方式吗？

不行！

一听与行政级别脱不了钩，大家就有点儿灰心。因为这是改革的关键，如果在这个问题上打不通，其他事情也就难以办成。

其实办法总是有的。脱不掉校长的"黄马褂"，我们不是可以先给他们戴一顶新帽子吗？

1999 年 1 月，我们进行了变通式的改革：在不取消行政级别的情况下，探索一条对校长和乡镇教委主任实行职级管理的新路子，而评定职级的依据，就是工作实绩。

这条新路子鼓励校长干事创业，鼓励他们到边远落后的学校工作。我们把参与职级管理的干部的工资关系全部收归教委统一管理，这样，他们不论在什么学校、什么乡镇，只要业绩突出，就可以得到精神和物质的双重回报。

1999 年 3 月，第一轮校长职级的评审认定开始，工资待遇从当月开始兑现。

任何改革，总是要触动部分人的利益。改革刚进行了两个月，便从上边转下一封匿名信，它对职级管理的质疑颇为"地道"："上边没有文件依据，校长职级师出无名；其他同类地区还没人敢搞，上海是我们学的吗？"

领导们一再问我：校长职级制是不是改革的方向？如果方向有问题，我们可以先放一放。

事有凑巧。

1999 年 6 月 13 日，在第三次全国教育工作会议报到的当天晚上，我恰好与陈至立部长在同一张饭桌上用餐。她很关心基层的情况，当知道我们作为一个县级市正在进行校长职级管理试点时，非常高兴地说："我们的文件已经落后了，这次会议的主文件刚刚把推进校长职级管理的试点工作写进去。"

回到房间，我拿出会议文件。果然，在《中共中央国务院关于深化教育改革，全面推进素质教育的决定》中明确写上了一句话："启动专家型校长培训工程，组织优秀中小学校长的高级研修。逐步实行校长职级制。"

在一般人看来，这也许是一段很普通的文字，但对高密的教育来说，它却是一股了不起的支撑力量。

后来职级管理的推进自然变得容易了许多，效果也逐步显现。广大教育干部脚踏实地、全身心地投入教育改革与发展的事业当中，大家自我加压、争创一流的意识越来越强，同时也在竞争中不断成长。

5 / 亮出教育督导的"尚方宝剑"

梳理有点儿乱的辫子

每年从 11 月份开始，教委和下面的基层教育部门、学校就"热闹"起来：教育局的有关科、室、办、站竞相行动，分别出动，走马灯似的对学校进行例行的评估、验收、检查、评优。基层学校送走此科室，又迎来彼科室，直忙得焦头烂额、晕头转向。正常的工作秩序和教学秩序被打乱，大量的人力物力被浪费！更糟糕的是，这种各自为政的检查评比，不利于反映基层单位的整体水平，评估效果也就大打折扣。

能不能把检查验收从数量上核减一下，精简项目，保留重点？我想，开个办公会讲一讲，不就行了吗？

但是，出乎意料，我在教委办公会上受挫。有些想砍去的项目，不仅有关科室有意见，连分管的领导也不同意。大家各自站在不同的角度，对自己分管的工作都看得很重，当然，这也是大家责任心的表现。

但是，有一点大家已形成了共识：多头进行的达标、验收、评优活动，确实是"折腾"基层，有许多弊端。有了这样的共识，就有了解决问题的基础。

我萌发了一个大胆的设想：把先进教育乡镇、先进乡镇教委、教学工作先进单位、校园文化建设先进单位等十个评优项目和规范化学校、素质教育示范校、信息技术教育示范校、实验教学达标单位等八个验收项目的评优、验收工作全部划归督导室，让督导室结合一年一度对市直学校和乡镇政府的教育工作、乡镇中小学、乡镇成教、乡镇幼教的综合督导评估一并进行，一次性完成。这样，评估、评优、验收三项工作合为一项工程，既可以共享一些数据、资料，又可以省去基层的麻烦。

这个设想得到了各部门的一致认同。但这毕竟是一个新的探索，没有可资借鉴的经验。路要靠我们自己闯出来，困难是明摆着的。

首先，要驾驭这样一项庞大而复杂的工作，就必须有一位有能力、懂业务又富有开拓创新精神的督导室主任。但当时的督导室力量比较薄弱，有人把督导室看成养老的地方，况且，原来的督导室主任已经离岗。所以，当务之急是先选一位能担当重任的督导室主任。

1998年9月3日，教委从全市各级评选的15名优秀教育工作者中公开选拔督导室主任，经过答辩、考察、评委裁决，选中了河崖镇教委主任。他所领导的河崖镇教委，连年被评为教育先进单位。他既有管理经验，又有开拓精神，具备当好督导室主任的素质。接着又通过竞争上岗，按编制足额配备了年富力强的督导人员，又从全市选聘了15名兼职督学，建立起一支专、兼职相结合的督导队伍。

过去的督导室好比马路上协助警察值勤的"交通协管员"，对违章行为只有吹哨权，没有处罚权。现在我们赋予督导室两项"特权"：一是对违规、违纪、违反办学行为规范的行为，有权对当事人给予通报批评处分；二是让督导室主任参与对乡镇教委和学校领导干部的年度考核，赋予其干部任免和升迁的提名权。

1998年11月10日，第一次综合督导评估开始。全市分三个督导分团，分团团长分别由一名教委副主任担任，督导室主任任总调度。这真是一次前所未有的干净利落的评估验收。半个月内完成了对30个乡镇的教委和学校、14所市直学校的综合督导评估任务，18 个评优、验收项目各落其主。对每个单位的评估只用了一天时间。可喜的是，评定的结果，大家都认可。尤其是为乡镇教委和学校消除了多头评估、验收、评优的烦恼，他们拍手称快。

同时，我们建立督导备忘录，实行跟踪整改制度，这是我们教育督导的一个创新点。过去督导评估结束，写出督导报告、反馈意见，就完事大吉了。现在不行了，要把督导评估过程中发现的主要问题一一记下来，列入备忘录，然后逐条梳理出来，并提出限期整改的建议，通知被评单位，随后进行跟踪整改。

更重要的是还要用好督导评估结果，不能让督导室白忙活了。从 1998 年起，每年全市的教育先进乡镇、各类先进学校，都是由督导评估结果产生的；督导结果还产生了骨干教师、教学能手、学科带头人、学者型教师以及优秀教学管理人员、优秀教育工作者、师德标兵等优秀人物；校长的职级也主要依靠督导的结果来认定。

督导室由"交通协管员"变成了真正的执法者，既简化了过去过多过滥的多头评估，又让基层的工作有了真正有效的监督检查。

让重视教育成为党政领导的"需要"

干什么事情都要靠"领导重视"，这似乎已经成为人们的共识。

所以，为了教育事业的发展，县市教委主任有一项很重要的工作，就是与各乡镇的党政领导跑关系，有时候还需要搞点儿感情投资，使他们不好意思不重视教育。可是，三十个乡镇，几十名党政领导，总有感情投资不到位的地方，弄不好还会惹得人家撒手不管，你也只好"无可奈何花落去"。

乞求别人工作，是件很累的事情。

我开始思考：这种仅仅靠"领导重视"的工作方法，肯定不是一个好方法，一个健康的机制关键在于把"领导重视"转化为"领导需要"。西方国家竞选总统、首相时，竞选人都有一条发展教育的施政纲领，几乎无一例外。这是因为他们天生就有重视教育的传统和觉悟吗？显然不是！主要是因为他们"需要"重视教育，因为选票掌握在老百姓手里，你连他们后代的教育都不在乎，都不放在心上，他们怎么可能把票投到你的名下！

1999年春天，新一届市委市政府开始研究乡镇、部门的综合评价方案，对教育工作来说，这是一个机遇。

可是，出台的评价方案征求意见稿中却没有教育的指标。因为这个方案基本是按照上级各种文件的具体要求凑起来的。发展是硬道理，所以GDP自然居于中心地位；计划生育是基本国策，必须一票否决；社会治安关乎稳定大局，上级对各个县都要评定分数，县里对乡镇自然也上行下效。唯独教育，有许多听起来让人感动的口号，可就是没有可以操作的办法。

我跑到制定方案的市政府办公室去，办公室的干部有点儿无可奈何，没有依据的事情，谁都不敢私自做主，再说，教育的指标是软指标，用来评价一个乡镇比较难操作。

找来找去，最后实在没办法，我跑到了市委书记的办公室。

见到我，书记拿出一封乡镇党委书记的来信，信中反映了基层存在的许多问题，其中把市教委正在搞的教育督导列为应该废止的达标验收项目。

书记问我是怎么回事，是不是像信中所说的那样加重了乡镇的负担。

我对书记说，教育督导确实给某些乡镇领导带来了压力。我顺便把那位写信的党委书记所在乡镇的有关数据归拢了一下，说，这个乡镇自1996年以来征收农村教育费附加总共为570万元，到1998年12月督导评估的时候，账面教育投入只有286万元，而且经过核查，有近100万元是假账。实际上，这个乡镇的教育费附加有三分之二没有用在教育上。过去没有教育督导，谁都不清楚。

现在有了督导，对这些乡镇来说，这确实是一个压力，是一个精神压力。如果这也是负担的话，确实是给他们增加了负担。

我见书记若有所思，接着拿出了一份早就准备好的农民最看重的十项事业调查问卷汇总表，在对 3 个乡镇、17 个村子、200 多位农民的调查中，在农民最看重的事业排行榜中，教育被排在第一位。

为了说明调查的真实性，我把原始问卷也带来了一些。书记对这些东西特别感兴趣，把它们全部摊到办公桌上，左端详右思量，久久没有说话。

看时机差不多了，我向书记提出，必须建立教育目标责任制，把乡镇党委政府履行教育工作职责的情况纳入对他们的政绩考核中。

事情通过了！在市委市政府最后定稿的考核方案中，教育指标被列为重要的考核内容。

1999 年 12 月，教育综合督导工作格外显眼。因为每一个乡镇都非常清楚，这次督导已经不仅仅是教育本身的事情，而且关系到乡镇党政的业绩考核。发展教育事业，不仅要领导"重视"，而且是他们为官一任的"需要"。

把觉悟变成责任

人人都知道，孩子的成长不是教委一个部门的事情，它与各个行业、各个系统都有关联。

然而，这种人人都知道的事情却未必人人都会关注，都会参与，都会支持。

这里，我摘录一段省市两级政府文件中的内容。

全面推进素质教育，需要各级各部门的共同努力。财政部门要依法落实各项投入政策，确保"三个增长"；城建部门要依法把学校建设纳入城市建设和小城镇建设的整体规划，并认真监督落实；劳动保障部门要依法做好技工学校及各级各类技能培训机构的综合管理和职业资格证书的核发与监督检查工作，依法实施劳动预备制度；公安、工商、文化、卫生等部门要加强对学校周边环境的治理，加强社区精神文明建设，坚决清除各种迷信、腐朽文化对青少年的毒害；人事、物价、审计、税务等有关部门要履行好职责，关心支持教育事业，为教育改革和发展创造宽松的环境。

文件中的要求不能说不到位，但就是落实不了。因为对文件中提到的这些部门来说，这些工作落实了又怎么样，不落实又奈我何？

没有监督的要求也必然没人搭理。

随着教育改革的深化，我们越来越感觉到，发展教育事业单靠教委，势单力薄，迫切需要合力。这个合力就是同级部门的关心、支持。要调度这种合力，重要的是改变某些相关部门对教育"事不关己"的心态。靠什么来改变呢？靠鼓动、靠宣传、靠激励？这只能改善，不是解决问题的根本。

因此，需要一种机制把觉悟变成一种责任。

2000年春天，我们建立了同级督政制度。所谓同级督政，就是由市委、市人大、市政府、市政协、市纪委五大班子分管领导组成的教育领导小组授权并领导人民政府教育督导室，依据财政、公安、税务、工商、群团、党办、政办等五十多个同级相关部门的教育执法目标、责任，一年一度对它们进行督导评估。督导结果，也就是履行教育执法责任制的情况，纳入主要负责人的政绩考核内容，也作为评定尊师重教先进单位的唯一依据。其目的就是要把教育工作由教育内部行为变为政府行为和全社会的行为，调动方方面面的力量，形成教育发展的大合唱。

同级督政的实施，强化了全社会，特别是政府各部门发展教育的责任感。

财政局在财力紧张的情况下，加大了筹措和拨付教育经费的力度；乡镇企业局下发了《禁止招收童工的规定》，并进行了专项检查；工商局下发了关于清理校园周边环境的文件，联合公安、文化部门定期集中治理校园周边环境；交管部门主动在学校周围设置了有关交通标志，还在许多学校门口安排交警值勤……同级督政，依法解决了许多困扰和阻碍教育发展的老大难问题。

事实证明了我们这种做法的超前性。2002年，山东省人大通过了《山东省教育督导条例》，它将对本级人民政府有关部门的教育督导正式列入人民政府教育督导室的职责范围。

6 / 干好了就会有红头文件出台

看完第一篇报道就出发

高密市第一实验小学共有学生 2600 人，每年经费缺口 64.6 万元；姜庄镇一中共有 24 个教学班，每年经费缺口 12.6 万元；阚家镇中心小学共有 12 个教学班，每年经费缺口 4.5 万元。这还不包括基建、大型教学设施的购置等发展性投资……

要改善办学条件，要推动教育现代化，无一例外都遇到了钱的问题。然而，高密市的财政收入有限，让政府超常规投入不现实。怎么办？到高密教委工作之后，我为一个"钱"字愁眉不展。

1998 年春，《中国教育报》刊登了一篇新闻评论《改制试验：两难中的抉择》。文章指出，中小学在办学体制方面的改革尝试，必将会成为我国基础教育发展新的增长点。

文章中提到的问题，恰是一直困扰我的问题。读完这篇报道后，结合此前办学中的诸多困难，我立即产生了进行办学体制改革的想法。第二天，我立即带了几个人赶到上海考察。

上海的探索给了我们许多有益的启示，改制试验既可以促进学校发展，又可以提升薄弱学校的水平，同时还可以满足不同家长的需求。

我们回来的当天，《中国教育报》又刊出了另一篇评论——《体制改革试验别念歪了经》。文章援引了一些持否定态度的人的观点，他们认为，改革试验只是为变相收费找到了一把合理的"保护伞"。然后，许多媒体、会议上，甚至文件中，又出现了一些不大不小的声音："办学体制改革，不要流失国有资产。"

绿灯亮了，红灯也亮了，到底是改还是不改？

改吧，有同志提出上面没有文件；不改吧，薄弱学校难以改造，好多学校举步维艰，群众对优质教育的需求难以满足。为此，1998年5月29日，市教委召开了专题办公会，针对有人对"国有资产流失"的担心，我说，同在中国土地上，同样招收中国孩子上学，怎么是流失？等、靠、要只能维持现状，我们不能再等下去了，应该主动出击！于是，在这次办公会上，我们做出了争取市委市政府支持学校改制的决定。

经过一段时间的酝酿，1998年6月，高密市政府常务会议决定，同意高密五中、育才实验中学、第二实验小学三个不同学段的学校进行"国有民办"的改制试点。让部分发展困难的公办学校走改制之路的大门被我们打开了，"学校国有、校长承办、经费自筹、办学自主"，正是这16字改制办学方针给我们那几所运行困难的公办学校带来了勃勃生机。

在公办学校紧锣密鼓改制的同时，我们又新建了一所"国有民办"学校——高密市康成中学，1998年冬季动工，1999年秋季投入使用，吸纳社会资金近亿元。两年后，这所设施一流、教育理念超前的学校被誉为"齐鲁名校"，被《山东教育》主编、高密教育改革的见证人毕唐书先生慨叹为"中国教育的经典"。此后，通过独资、合资、合作、股份制等多种形式，我们实现了教育投入的多元化和办学形式的多样化，推动了全市教育的大发展。就连韩国人、日本人在参观康成中学后也发出了这样的感叹：在我们那里还见不到这样的学校。

1999年6月，在我参加第三次全国教育工作会议的过程中，国家出台了红头文件《中共中央国务院关于深化教育改革，全面推进素质教育的决定》，其中第12条明确指出："进一步解放思想、转变观念，积极鼓励和支持社会力量以多种形式办学，满足人民群众日益增长的教育需求，形成以政府办学为主体、公办学校和民办学校共同发展的格局。凡符合国家有关法律法规的办学形式，均可大胆试验。"

我舒了一口气：我们提前一步的探索又与国家的发展策略不谋而合。

这并不是因为我们有多少先见之明，而是因为我们的做法符合事业发展的规律。

"借鸡生蛋"　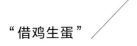

一个经济并不发达的县级市，却在短短一年的时间里投入4000多万元为学校配备了1万多台电脑，你相信这样的事情吗？

这令人难以置信的事情，就发生在2000年的高密市。

20世纪90年代，信息技术的热浪在校园里涌动。

毫无疑问，谁领先一步，谁就会抢占教育的制高点，谁就会在未来的竞争中掌握主动权。

推动教育信息化建设，我们遵循快节奏、超常规的思路——

1999年12月，市教委办公会议决定，将2000年定为"现代教育技术年"。

2000年2月，我们召开现代教育技术研讨会，邀请计算机公司现场演示，向各示范校进行重点介绍，以此形成强大的理念冲击。

同时推出了具体的规划：学校要有计算机专任教师，每一位教师都要全面掌握计算机技术并能用计算机辅助教学；2000年年底市直学校和乡镇中心校实现包括计算机在内的"四机一幕"进教室，并安装卫星地面接收站，每所学校至少配备 1 个计算机教室，30 个班以上的学校至少配备 2 个计算机教室；1/3 的学校实现教师人手一机，其余学校每个办公室 1 台计算机，全市学校实现计算机联网；三年级以上开计算机必修课，中考加试计算机。

这样，我们自己的"标准"就出来了。

可是，硬件设施从哪里来？从摸底调查情况看，全市教育系统拥有的计算机数量距离我们的"标准"尚差至少 8000 台，按当时的价格计算，需投入 4000 万元人民币。这对一个可利用财政年仅 2 亿多元的县级市来说不啻天文数字。

集资办学已经亮起了红灯，这条路子早就被堵死了。

怎么办？等到有钱了再解决？可迅猛发展的现代信息技术不等人，13 万中小学生的前途和命运等不起！

不能等，办法呢？我不禁想到了世界著名品牌耐克运动鞋的发展方略。耐克在美国本土并没有生产基地，它的产品是由散落在世界各地的签约企业按它的标准给它生产的，一个没有厂房、没有流水线、没有工人的公司，却占有了国际运动鞋市场很大的份额，这不能不说是一个独特的发展方略。信息技术的发展不是也可以这样操作吗？

办法总比困难多。在广泛考察、论证的基础上，我们做出了"用明天的钱办今天的事"的策略，通过学校与计算机厂家共建、租赁、分期付款等灵活多样的形式，解决了计算机数量不足的问题。2000 年 4 月，我们举行了竞标大会，共有 9 个计算机厂家来到现场进行投标竞标。接着，召开厂家与学校的见面会，由学校自主选择 3 个品牌，见面会上一次订货 6750 多台。此后，各学校又通过与厂家共建、租赁、分期付款等形式，购进计算机 1500 多台。这在一年内使全市的教学用计算机数量达近万台。完全小学以上的学校都按最大班额建起了计算机教室，市直学校和大部分乡镇中心校都已建设好第二甚至第三个标准计算机室，不少学校还办起了一人一机网络教学实验班。30% 的学校实现了学科教师人手一台办公用计算机，其他学校每个办公室都配备了计算机。

2000 年 8 月，高密教育信息中心宣告成立。市教委统筹协调，集中人力、物力、财力，按照"建设全国著名教育特色网站"的目标，开始筹建"高密教育资讯网——康成书院"，实现了城区学校、市直学校和乡镇中心校的联网，形成了一个内联教育行政部门和学校，外联国内、国际信息资源的城域网络。通过政策引导，全市绝大多数教师都在一年内熟练掌握了计算机辅助教学技术。在此基础上，我们引导教师进行网络背景下教育教学及管理的课题研究，充分发挥了现代信息技术的作用。

随后，上级有关部门出台了新的《现代教育示范校评选标准》，新标准的好多要求与我们当时自定的"标准"不谋而合。很快，我们的一大批学校就被评为潍坊市乃至省级现代教育示范校，我们的计算机教师也应邀参加了全省中小学信息技术教材的编写工作。

从一个县级市教委主任调任地级市教
育局局长，对我来说，压力是显而易见的。
能否把自己的教育理想在一个850万人口
的地级市变为生动的现实，创造自由呼吸
的教育？能否不辜负市委市政府的殷切期
望，实现"打造教育强市"的梦想？这一
切，没有现成答案。只能背负压力，一步
步摸索前行。当然，这对我来说也是一次
新的挑战。面对挑战，我相信，只要踏踏
实实一步步走好，路，自然也就会有。

1 / 背负压力前行快

不轻松的"二传手"

2001 年 5 月 17 日，我被任命为潍坊市教育局局长兼党委书记。

坦率地说，起初我心中并没有太大的压力。我认为，比起在县级教育行政部门，在市级教育行政机关可能要清闲得多：转发一下省里的文件，传达一下上边的会议精神，上情下达，当个"二传手"，既不宏观，又不微观，不会有多少麻烦事，说不定可以有更多时间读点儿书。所以，家没搬，却把四个书橱搬到了潍坊。

一开始，也确实感觉不错。没有了乡村教师申调进城的困扰，也没有了筹措教师工资的烦恼，心里似乎清静了许多，大脑也一下子轻松起来。

可好景不长，筹备全市基础教育工作会议，一件看起来再简单不过的事情，在潍坊却变得并不简单。

按惯例，会议应该出台一个主文件。在起草的过程中，我们从潍坊的实际出发，把一些想法，诸如做强市区教育、建设一中新校、实施农村百所薄弱学校改造工程和市区中小学解困工程等写进了文件中，但在与有关部门的协调过程中，却屡屡受挫。

按市里的工作常规，没有相关部门的签字，就不能拿到市领导那里去审查；没有市领导的审查，就不能提交市长办公会；而没有提交市长办公会，显然就出不了文件，开不了会。

怎么办？分管教育的领导不分管财政，分管财政的领导又不分管人事，任何一位领导都不能随意表态，而把所有领导召集起来，又不是一名教育局局长所能办到的事情。

一时间，我感到茫无头绪。

我决定闯一闯。

2001 年 7 月，市里开大会，五大班子主要领导全部出席。开会前 20 分钟，我带上起草好的文件来到会场的后台。

很快，市级领导先后来到后台的贵宾室。我看相关领导来得差不多了，就走到市长面前，向他汇报全国、全省基础教育工作会议的要点，并提出我们面临的困难与对策。

我提出，有些问题必须创新发展，因循守旧已经没有出路。我起草的文件中有些内容是在上级文件基础上的创新。

他没有要文件，而是要我把文件的主要内容扼要地说一下。听完后他说：这不是挺好的吗？当即与其他领导打了招呼，领导们一致表示，文件的内容无须研究，马上即可开会！

市委书记加了一句："开会的时候，通知我参加！"

后来，全市基础教育工作会议只用了 30 分钟时间，就出台了一个很有创意的文件，对县、市、区政府履行教育工作的情况进行督导也首次写入了文件，为我们后来的教育综合督导打下了一个很好的基础。

会开了，文件发了，按我原来的想法，市级教育行政部门的任务应当是完成了。其实，远不是那么回事。

基础教育工作会议主要解决的是"以县为主"管理体制的问题，而把教师的工资发放由乡镇管理归到县级财政管理，是个大动作。按过去的乡镇管理体制，各个乡镇的教师工资标准都不相同，若要把一个县、市、区的教师工资统一起来，只能把低的填平，而不能把高的削齐。要是真的落实"以县为主"管理体制，仅工资这一块，每个县、市、区的支出就要增加千儿八百万。

会议之后，各个县、市、区都在相互观望。用他们的话说，就是谁也当不起这样的先进。

我非常着急。开县、市、区教育局局长会议，没有效果；与分管教育的副市长到有关县、市、区整整跑了三天，还是不见动静。

半年过去了，2002年5月，省政府落实基础教育"以县为主"管理体制电话会议召开，省领导在会上点名批评了几个市，潍坊也名列其中。

在电话会议上，坐在市长旁边，我有些坐立不安。虽然被点名批评的是市长，是政府，但教育局也难辞其咎。

后来，我们发现，十几个县、市、区一块儿推动的工作方法有问题。因为好多信号告诉我们，各个县、市、区都在瞄着经济实力最强的寿光市，如果寿光市按兵不动，其他县、市、区肯定是不会"逞能"的。

果然，破题正是从寿光开始的。我们调动各方力量，推动寿光的工作，使其终于在2002年年底完成了"以县为主"管理体制的全面落实，继而在其他县、市、区也陆续推开。

"二传手"其实并不好当，而且，有时候还要大胆"拦网"、"扣球"。

把最重要的事情首先做好

我从一个县教委主任一步跨到市教育局局长的位子上，在一个地级市很容易成为议论的话题，也很容易成为人们关注的焦点。

在一般人看来，新局长是实施素质教育的典型，来潍坊工作，肯定又是以素质教育开路。

说实话，社会上大部分人，甚至包括我们教育系统内部的个别老师，对素质教育还是有误解的，在他们看来，搞素质教育就必然会影响升学率，就必然会降低教学质量。

当时，人们对市区学校的教学质量普遍有些看法，认为学校搞的那些唱唱画画、蹦蹦跳跳的东西，把孩子们的心给搞散了。

人们以一种不同寻常的目光看着我，期待之下包含着许多担心和怀疑。

我知道，这个时候，打一面什么样的旗帜至关重要。如果游离于人们的兴奋点之外另搞一套，肯定不会有什么好的效果。

一个教育局局长是没有办法回避教学质量这个既复杂又敏感的问题的，我决定从教学质量开始抓起，从人们最关心的事情开始，把最重要的事情首先做好！

可是，提高质量的方法应该来自规律。

2001年，全市教学工作会议召开，会议确定的主题词是"落实，落实，再落实"。

从校长到教师，大家颇有点儿吃惊。教育局的工作千头万绪，局长怎么还有时间抓具体的教学事务？会议的主题很新鲜，什么"对没有命中的目标再射一箭"、什么"小题大做，大题小做"，用三年的时间争创全省第一流的教学业绩，更新鲜！

其实，这些都是从减轻学生的负担着眼来思考的，不从"落实"出发，无效劳动就不可避免，学生的负担就会加重，就会形成恶性循环。

尽管大家对这样一个目标有点儿半信半疑，但会议之后，大家的思想还是比较统一。许多学校把"落实"制成了标志牌，放在了老师们的办公桌上。

2002年，"课堂教学效益年"活动如期开展。当时，潍坊大部分学校已开始新课程实验，绝大部分老师对新课程理念的理解似是而非。如果不把这些新的理念转化为老师们容易理解的东西，就很可能把好"经"给念歪了，而且，旧的模式不能用，新的套路学不来，教学秩序就会陷入混乱。

我们想了一个办法，把新课程的理念转化为老师们容易接受的教学方法。首先，推出了一个"三讲三不讲"的要求。所谓"三讲"，就是要求老师"讲重点，讲难点，讲易错、易混、易漏知识点"，因材施教、个性化教学已在其中。所谓"三不讲"，就是要求老师"学生已经会的不讲，学生自己能够学会的不讲，讲了学生也学不会的不讲"。尊重学生的主体地位、倡导学生自主学习、提倡学生动手实践、发挥学生的创造精神，这些理念比较实在地体现在了"三不讲"这样一个朴素的要求中。

为了把校长、教师的精力引导到课堂上，我每到一所学校就进入课堂。高中的课听，初中、小学的课也听，一年下来，听的课竟达一百多节。

2002年7月对潍坊教育来说是不同寻常的，潍坊的高考成绩异常突出，奇迹般地达到全省第一。

我的儿子李大伟，也以高密市第一名的成绩，被录取到北京大学元培计划理科实验班。

我并不认为高考好了，潍坊的教育就真的好了。但是，教育质量好了，就有可能成为我们推动教育发展的动力。把人们普遍关心的事情首先做好，可能会是一个好的开始。

让孩子睡个懒觉

李局长：

　　我以非常着急的心情向您反映一个问题：现在的孩子实在是太苦了！您看，早上5点多钟就被大人从被窝里拎出来，催促穿衣、洗漱、吃早饭，7点前匆匆忙忙赶到学校，然后家长再吃饭、上班。一个家庭只要有一名学生或教师，整个家庭的生活秩序就被搅乱了，而且对整个社会也有影响。难道学生的上学时间就不能和整个社会的作息时间大体一致起来吗？这样对学生、教师、家长都有好处。

　　……

　　这是一位老领导亲自给我寄来的署名信。

　　2001年，到潍坊市教育局工作的第一个冬天，类似的信件我收到了一大堆。人们痛陈学业之苦，说得慷慨激昂，甚至颇有些激愤。

　　其实，集中起来就是两件事：上学时间太早、作业太多。

　　表面的积极性，其实严重侵害着学生的身心健康，尤其是把学生的自主时间全都填满了，对他们创造性的培养、自主意识的形成都是一个巨大的破坏。

　　我开始吹风，试图刹一刹这些不规范行为。

　　可是，大家的反应并不积极："对于作息时间，教育局早有文件，规定得非常明确，而小学、初中又全归区里管理。该做的我们全做了，还要怎么样？"

　　一些校长也有点儿吃惊："区里都不管的事，市里还真要管？"

　　是真要管！因为这绝不是小事情！

　　我心里明白，这是一次管理的冒险。在管理岗位上，我向来的风格是：还没有统一思想的事情，宁愿放下来不做。

　　但是，在潍坊与在高密不同。在高密，因为我的经历，更因为大家对我的信任，许多事情比较容易统一思想。所以，还有什么事情大家举棋不定的话，那就真的应该放一放。而在潍坊就完全不同了，如果任何事情都等完全统一了思想再做，那肯定什么也做不成了，因为我还没有什么理由能够使大家统一思想。

　　我决定改变一下自己。

　　2002 年春天，在大家的思想并不统一的情况下，我们开始了对市区初中、小学办学行为的督导评估。

　　我们在出台的《关于规范市区中小学办学行为的意见》中规定：

　　一、严格控制上课时间和学生在校学习时间。市区义务教育阶段学校的作息时间，原则上与社会上其他工作的时间同步，确保学生每天有一小时的体育活动时间。

　　二、严格控制课外作业数量。小学一、二年级不留书面家庭作业，其他年级书面家庭作业总量每天不超过一小时，除语文、数学、外语三科外，其他科不得布置书面作业。初中各年级书面家庭作业总量每天不超过一个半小时。

　　三、严格按常态分班。义务教育阶段因教育教学改革确实需要举办实验班、特长班的，必须经教育行政部门批准；原则上不得举办学科实验班。严禁按考试成绩分快慢班、重点班。不具备条件举办的小班化实验，必须纠正。

　　四、严格控制教辅资料数量，减轻学生课业和经济负担。进入学校的教辅、报刊、资料由校长一人把关，超出标准的，从经济上重罚学校和供书单位。

　　……

　　文件具体明确，一共九条。

　　我们聘请了二十多位督学，联合各个区教育督导室的督学，深入学校、社区，督察各所学校的执行情况。

一开始，工作异常艰难，甚至许多家长也冒出反对的声音。

反对意见基本集中在一个问题上——一些上早班的家长，家里没人照看孩子，他们希望把孩子早早地送到学校去。有人甚至借题发挥说，能否处理好这件事，是能否认真落实"三个代表"思想的具体体现。

因为个别家庭没人照看孩子，就要把孩子们早早地从床上拖起来，以牺牲孩子们的睡眠为代价，这道理是不是也太偏了！

再说，学校首先考虑的应该是学生的健康成长，而不仅仅是家长的方便。反对意见"代表"了个别家长的利益，可并不能"代表"孩子们的利益。权衡利弊，我们最终没有动摇，督察坚定不移地继续进行。

那些有意见的家长也在调整自己的生活安排。

同时，我们也与校长、教师一同研究解决问题的办法，推广好的经验，制止违规行为，情况很快得到扭转。

两个月下来，大家慢慢尝到了甜头。

校长们也高兴了。因为过去大家都是违心地加班加点，总怕别的学校加班，自己落后，一怕家长埋怨，二怕教学质量下滑，"集体裁军"让他们没有了后顾之忧。

教师、学生更是叫好，终于可以安安稳稳地吃早餐了！

2 / 超常规的发展要用超常规的措施换取

脱下校长的"黄马褂"

教育要办好，校长是关键。要调动校长的积极性，就必须大刀阔斧地推动人事制度的改革。

2002 年 5 月，全市教育系统人事制度改革现场调度会召开。

改革似乎在紧锣密鼓地进行，但校长们却处之泰然。

有的学校明确表示，不要权力，既不要中层干部的任免权，也不要副校长的提名权。他们很聪明，要了多大的权力，就有多大的责任，还是按部就班风险小。

有一所学校竟拿出了两套人事改革方案：一套用来应付教育局的检查，而实际操作的是另外一套。

原来校长们并不需要改革！因为什么样的学校是好学校，没有明确的标准；什么样的校长是好校长，更没有一个说法。

校长干多干少一个样，干好干孬一个样，你有什么理由让他冒险改革？

2003 年 4 月，"校长动力机制建设研究"课题组成立，我自告奋勇担任课题组组长。

很明显，这个课题就是研究校长的动力源泉。

2003年10月，办学效益的评估试点工作首先在市区的部分学校开始。对三所学校的解剖分析，让校长们极为震惊：同样的规模，同样的投入，竟然有如此之大的效益反差。不同的资金流向，不仅对教学质量产生了重大影响，甚至已经影响到了教师的价值观和干部们的管理理念。

紧接着，生均拨款机制的改革也在部分学校试点。过去已经形成了按人头核拨教师工资、教育经费的规矩，同时也形成了人们平均主义、吃"大锅饭"的思想，钱是对应每个教职工拨来的，大家干与不干似乎都一样，反正钱早就有份儿了。而按学生数量核拨经费的改革，实际上就是要打破教育内部分配制度上的"大锅饭"，改变教师的价值观。按学生数量核拨经费，才使校长和教师明白过来，学校是因为学生而存在，没有了学生，就不需要学校，更不需要教师与校长了！

两项试点工作，给了部分校长以深深的触动。

但要解决面上的问题，还必须在干部制度上动真格的。要真正从根本上解决校长的动力源泉问题，不在校长的管理上动大的手术是不可能的。

我把这个烦恼向市委组织部部长做了汇报。

部长是一位年轻的老组织干部，对干部管理有着独到的见解，他的以保证干事创业为前提的干部管理思路已经给潍坊带来了新气象。

"大胆地想，怎么有利于调动校长的积极性、创造性，就怎么做，不要有任何框框！"他希望我们能在这个方面有一些重大的突破。

于是，我们顺应事业单位改革的大势，把校长的"黄马褂"脱下来，用以业绩评定的职级取而代之。

2004年6月，《关于取消校长行政级别，实行校长职级管理的意见》正式形成。其中规定："取消中小学校长的行政级别，校长全部由教育行政部门归口管理，实行校长职级管理，按照校长的工作业绩，每两年评定一次，将校长级别评定为六级，并以此确定校长的工资待遇。"

2004 年 7 月，组织部部务会议正式通过。

为了事业放弃权力，这不是一般人能够做到的！但是，我们的市委组织部做到了！

什么是胸怀？这就是胸怀！

2004 年 9 月 15 日，校长职级管理的方案提交市委常委会研究，领导们不仅一致通过，而且给予了很高的评价。常委会上，市委书记很高兴，他首先肯定了改革的方向，然后向我挥了挥手说："希贵，干吧，领导们全都支持你！"

这就够了！

"山雨欲来风满楼。"校长职级制还没有正式实施，校长们已经敏锐地意识到了改革的重要性，他们开始关注一些实质的东西。有的校长希望教育局能够把"人才交流中心"办好，让它真正成为学校间人才流动的平台。为此，我们与人事部门会签了关于教育人才流动管理的办法，以保证学校之间的人才流动，也使校长面对落聘的人员不至于太无奈。

一项工作，一旦成为人们的需要，就有了加速度。2004 年新学年的改革，颇有点儿势如破竹的气势。

2004 年 10 月，校长职级管理的试点工作在 68 所高中学校全面铺开，诸城、寿光两市的初中、小学校长职级管理试点工作也同步进行。

试点工作给我们最大的启示，就是校长观念的转变。使改革成为校长的需要，让他们真正动起来，只有这样，教育内部的改革才能深化！

让民间资本与名校品牌"联姻"

这是一个悲剧性事件——

潍坊有一所全省闻名的民办学校——现代学校。现代学校作为山东省民办教育的一面旗帜，曾经辉煌过，也令潍坊人骄傲过。可是，仅两年时间，学校竟兵败如山倒，老板抛下了所剩无几的学生逃之夭夭。学校退不了学费，家长领不回学校的集资款，一气之下把学校砸了个稀里哗啦。

不是校长没本事，也不是老板不想办好学校，根本的问题是师资。

教师跳不出、进不来的人事壁垒，给民办学校设下了无形的屏障。民办学校教师老的老、少的少，退休教师、刚毕业的青年教师成了他们的主力。

为此，市教育局也想了不少办法。民办教育"助教团"就是一个颇有创意的办法。"助教团"的教师都是我们从各个县、市、区挑选的"种子选手"，教学水平不会有问题，工资也都由原单位发放，民办学校只提供吃住条件。然而，事实证明，这只是我们的一厢情愿。几乎所有民办学校的老板都婉言谢绝了我们的"助教"，因为他们自己也感觉病入膏肓了。

开办民办学校在潍坊已成为一个非常敏感的话题，大家有点儿谈虎色变的样子，前有车后有辙，教训就发生在眼前，谁还去自取灭亡！

可是，潍坊又特别需要发展民办学校。

全市的人均财力在山东省尚处于中等水平，政府短期内不可能拿出更多资金用于教育，但潍坊市的家长对孩子接受更好教育的期望，似乎比其他任何一个地区都来得强烈。

招商引资、政策优惠、任务驱动，教育局想了好多办法，但一切似乎都无济于事。

作为一个地区的教育主管，我感受到了这个无形而又巨大的压力。

"你要有超常规的发展，就必须有超常规的措施，不然的话，发展就只能是空中楼阁！"市委书记经常提到的一句话，给了我深深的启发。

2003年3月，潍坊市教育改革工作会议召开，市政府14号文件《关于深化办学体制改革，加快民办教育发展的意见》出台。

文件的一个重大突破就是把民间资本与公办学校的师资嫁接起来，公办学校的教师可以自由向民办学校流动，身份不变，待遇不变，而且允许他们随时回到公办学校，打破潍坊教育系统内人为的人事壁垒！民间投资者可以与公办学校进行股份制合作办学。

多么好的一个发展环境啊！可是，网上的一场讨论，又惹出一场小小的风波。

2003年4月，一个星期天的早晨，我正在父母家里，办公室主任打来电话。他在网上发现，有人对我们发展民办教育的政策与方式提出质疑，而且事情已经炒到了一家颇有权威的网站上。不一会儿，一位县教育局局长又打来电话，询问到上海的招商活动是否取消。

当时，我们已安排好了一个到上海的招商活动，而且已与《文汇报》签订了刊登招商公告的协议，一批希望投资潍坊教育的客商也已与我们多次接触。

做自己认为正确的事！

潍坊已经背水一战，它没有更好的办法让民间资金找回信心，出路只有一条，不进则退。理论是灰色的，而实践之树常青！

没有开会研究，没有汇报领导，我突然来了勇气：干下去，出了问题我负责。

2003年5月，第一所投资超过一个亿的民办学校落户昌乐，山东科文投资集团与昌乐二中合作成功。接下来，一年的时间，近十个亿的民间资金流进了潍坊的校园。

2004年9月6日，潍坊市第20个教师节庆祝暨表彰大会召开，在会上，市委书记明确地指出，潍坊教育能有今天，民间资本的贡献不可估量，进入的是资金，形成的是机制，促进的是潍坊教育美好的明天！

2004 年 11 月，由教育局、人事局、财政局与劳动和社会保障局联合签发的文件正式出台，在政策方面保障民办教育的发展空间，保障投资人的利益和民办学校教师的权益，主管部门已经达成了共识。

潍坊的民办教育已经有些春意盎然的味道了。

3 / 让学校"自由呼吸"

评估，是否可以协商

2003 年，潍坊一中以两分之差没能进入优秀学校行列。

让人尴尬的是，2003 年是潍坊一中历史上最叫好的一年：学校的各项工作均受到社会各界的普遍好评，一大批优秀学生脱颖而出，不仅高考成绩遥居全市 68 所高中学校之首，而且学生德智体美全面发展，一大批富有个性的学生纷纷被高校选走。是学校出了问题，还是评估方案出了问题？显然，是评估方案出了问题，而且是思路出现了大问题。

看一下我们的评估标准吧，我们市直学校共有 10 所，却有 5 个"品种"，普通高中、普通中专、职业高中、师范学校、特殊学校样样俱全，还有一所教育学院、一处实践基地。面对这么复杂的评估对象，我们的评估用的却是沿用了多少年的一刀切的标准，从办学思想到办学条件，从教师队伍建设到教育质量，都是一个模子套下来。我们总希望用一个标准排一个名次，分出个一、二、三等来。

这让我想到了一个古希腊神话中的恶魔和他的"魔床"。他在路边准备了一张铁床，凡是经过的人都要被捉到铁床上去，个子高的被截短，个子矮的被拉长。

于是，人都被搞得一样高矮。

我们的评估方案不就有点儿像这样一张固定的铁床吗？

有效的管理一定是简单的。对学校的评估指标越细，反而越不准确。

面对千差万别的单位、学校，该如何做出科学而又准确的评价？我们想到了协商。

2004年春天，我们开始探讨协商式评估的途径、方法，得到了市直学校的赞成。

协商式评估的第一步就是要学校自己确定自己的年度目标和长远规划，然后由领导和专家组成的评估组进行科学评估，一旦得到认可，学校便可以据此制定工作措施，分解责任。很明显，协商是为了促进学校发展，让学校重新认识自己，明确奋斗目标，调整工作策略；是为了给学校的发展加油、添柴。

在整个过程中，不仅目标可以协商，评估的方法也可以协商，甚至评估时间也是可以协商的。

这样一来，每一所学校的评估标准都是不同的，都是个性化的。

幼教、特教、师范学校正在进行新校建设，对学校工作的衡量如果撇开这么繁重的工作量不看，而仍然仅仅关注学校常规工作，是不尊重学校的劳动、不实事求是的。

商业学校正通过寻求与企业合作办学来求得更高水平的发展，合作成功与否将决定学校能否尽早进入发展的快车道，所以，年内如果合作成功了，给校长记一功应该并不过分。这样的学校，怎么不是优秀的学校？

聋哑学校正在进行教学层次的提升，创办职业高中教育成为学校工作的重中之重。如果常规工作能够正常开展，再把职业高中教育打造起来，我们的特殊教育不是又上了一个新台阶吗？

其实，评价方案不同，道理非常简单：因为对象是不同的，所以评价方法也应该不同；因为学校的性质不同，所以评价标准也应该各异。如果我们的学校年内都达到了他们协商的目标，都成为优秀学校，又有什么不好？

课程变了，理念变了，时代变了，学校里的好多东西都变了，为什么我们的行政管理不能变？

管理应当借鉴"裁缝"的做法：根据身材，定做衣服。

向农民种地学习

2002 年春天，省级规范化学校评估组在实验中学遇到了一个难题：学校艺术教育硕果累累，但却因为没有风雨操场而不能通过规范化学校的验收。

实验中学是一所艺术特色学校，有近一半的学生修习美术，为此学校不得不拿出大量资金投向艺术楼、各种画室、展厅的建设，而且艺术器材也是个花钱的无底洞，近千名学生的艺术需求，使学校有许多需要花钱的地方。

校长很坦诚，他告诉评估组的领导说，三年之内，学校还没有建造风雨操场的计划。因为他们要最大限度地满足学生的需求，所以就不敢按照规范化学校的条款去投资。当然，有一句话他没说出来，那就是他们宁愿不要规范化学校的牌子。

经过反复权衡，评估组最终还是勉强把规范化学校的牌子授予了学校，但提出的条件是一年后必须把缺少的风雨操场建起来。

风雨操场到现在也没有建起来，但学校在学生和家长的心目中却越来越完美。不是因为学校具有多么规范的设施，而是因为学校想方设法满足学生需求的办学思想。

其实，随着新课程的实施，我们已越来越感到过去的规范化学校评估存在好多弊端。在这个一刀切的评价过程中，大部分学校变得越来越没有特色、没有个性，校长的主动性、创造性受到了很大制约。

2002 年 8 月，我们决定在全市启动个性化学校评估。

个性化评估的目的是促进学校的自主发展。首先要由学校进行自我反思，普查自身的教育资源，明确自身的定位，规划发展方向，并据此确定工作措施。然后由督导部门邀请专家学者及资深校长为学校号脉会诊，一同修订个性化发展方案。

这个过程其实是学校统一思想、把全校教职员工凝聚起来的过程，是进一步明确学校发展目标的过程。

很快，不少学校便开始申报个性化学校。

但是，大部分学校的定位却出了问题。他们还是过去创办特色学校的思维方式，只是简单地为学校贴一个标签。有一个民乐团，就以为自己成了艺术特色校；有一支足球队，就成了体育特色校。这样的特色并不是立足于每一个受教育者的发展，并不是立足于每一个受教育者的全面发展，所以很难说是真正意义上的教育。

2003 年春天，两位学生家长打电话给我，反映一所高中强行让他们的孩子进美术班的事。他们很气愤地说，孩子从小就没有艺术细胞，也不喜欢美术，眼看要上高三了，再强行让孩子改学美术，他们不能理解。

我了解这所学校，校长十分能干，学校的管理也不错，为什么会出现这种事？

原来，他们正在调整学校的发展战略，急于创办美术特色学校。

真正的教育，应该以学生的发展为本。只有立足于学生发展，并以此调整学校的办学目标，才能真正实现特色学校的创建目标，因为个性化学校的所谓"个性"是从培养的学生身上反映出来的。

我希望他们在明确学校的发展目标之前，先了解一下学生的想法。

第一个回合的"民意调查"，颇让校长吃惊：学校强扭了不少瓜，自己愿意学美术的学生，因为文化课成绩太好不让学，而不喜欢美术的学生，却因为文化课不好而被划到美术班。他们把好经给念歪了,不仅使美术班成了"渣子班",而且连文化课优秀的学生学习美术的资格也给剥夺了。

第二个回合是征询学生的意见,看他们希望学校开设一些什么课程。

汇总结果一出来,吓了校长一跳,学生们的选择真是五花八门,即使是选择学习艺术的,也是绘画、摄影、书法、篆刻各不相同。

按老师的想法强逼着这些生动活泼的孩子学他们根本不喜欢的东西,怎么可能办好学校?这样的学校怎么会有个性?

由此我想到了农民种地,他们从来不强迫庄稼按照一个模式生长——因为他们知道那样做肯定是徒劳无益的,他们只是勤勉地浇水、施肥、喷洒农药,为每一棵庄稼按照自己的方式尽情地生长创造良好的条件。于是,他们在秋天才有属于自己的那份沉甸甸的收获。

教育何尝不是如此?

4 / 向教育规律靠拢

两套教材的风波

2002 年春节，我的一位老朋友让我帮他借一套旧版的初中教材。

我有点儿纳闷儿，他的孩子已上初一，而初一已经实施新课程、使用新教材了。

这里面肯定有问题。一追问，果然，是老师要求借的。

原来，自新课程实施以来，老师、学生、家长全都心里没底。他们学着新的、想着旧的，于是，在有些学校，就出现了学生书包里有两套教材的怪事。

我来到这所学校，走进初一的教室。

听的第一节课是数学课，老师讲的是一元一次方程第一节"从实际问题到方程"。

这部分内容挺少。"从实际问题到方程"就两个问题，是最简单的方程题，如问题 1：某校初中一年级 328 名师生乘车外出春游，已有 2 辆校车，可乘坐 64 人，还需租用有 44 个座位的客车多少辆?

这样的题目，小学生不用方程也能解决。把它放在初一，对学生来说就更不在话下了。

　　可这样一来，却难为了老师。如果仅仅让学生去做这两个题目，课堂的容量似乎太小。于是，老师在课堂上为学生补充了好多这一节里没有的知识，诸如什么叫方程、何为方程的解、方程的解如何检验等。补充的内容恰恰是旧教材上删除的内容。这样一补充，课堂内容就显得充实了许多。

　　难怪学生要有两套教材。原来，放不掉旧教材的是老师。

　　评课会上，大家围绕着这一节的标题展开了讨论。

　　很明显，这一节的小标题很值得玩味。"从实际问题到方程"，一个"到"字，内涵丰富，它包含着一个把实际问题转化为数学问题的过程，要求学生"经历将一些实际问题抽象为数与代数问题的过程""经历运用数学符号和图形描述现实世界的过程"。这样一个数学建模的过程，才是学生学习的重点。显然，教完了教材，并不一定完成了教学任务；完成了课本上的题目，很可能没有落实课程目标。如果我们仅仅考虑在教学内容上做加法，就不会有好的效果。

　　传统的教学往往是一个教教材的概念，把教材教得"到边到沿"，考试就不会出问题，完成了教材教学，也就完成了教学任务；而在新课程背景下，课程目标才是我们的着眼点，用什么样的教材也许并不重要，重要的是有没有实现课程目标。

　　可是，老师们手里竟然没有课程标准，一个备课组只配备了一本课程标准，学校还是像过去管理教学大纲一样管理课程标准。

　　看来，出问题的不仅是老师，还有我们的学校。对课程标准的漠视，有可能导致课程改革的失败。

　　基于此，2002年春天，一场全面学习课程标准的活动在实验区的校园里展开，我们把美国国际教育中心主任萨达特的一句发人深省的话作为讨论的开始，他说："我们应该叫我们七年级以上的学生每天都来问他的老师，你今天教给我们的这些东西，到什么时候才有用？"

　　站在新的课程目标的高度，我们教的是知识，训练的是技能，培养的却是情感、态度与价值观。这样，学习函数就不再仅仅是坐标和曲线，更重要的是要教给学生变量的思想；研究历史，也不再仅仅是年代和事件，更重要的是打开学生以古鉴今的视野。

我们曾经对战士们一天天地在操场上训练"一、二、一"齐步走的做法生疑，因为我们还没有发现有哪支部队在战场上是喊着"一、二、一"的号子冲锋陷阵的，可是在军营里，他们还是在训练"一、二、一"齐步走。指挥员告诉我们，"一、二、一"的号子战场上是不需要的，可是通过"一、二、一"的号子训练出来的"一切行动听指挥"的作风却是战场上必不可少的。表面上看起来这似乎是个喊号子训练的问题，可细究起来，这却涉及更深层次的素质问题。我们教育的学问其实也正在这里。

教教材，还是用教材教？仅仅把教材的内容完成，还是通过教材完成课程目标？这是新的课程标准与过去教学大纲的区别所在。新的课程标准给教师留下了广阔的空间，教材再创造成为教学过程所必需的，站在课程标准的角度挖掘教材，已成为新的课程目标下备课的一个基本要求。

让情感的火花燃烧起来

2002年春天，新学期开学，我接连到高密实验区听了30多天课，其中有12次是到第二实验小学。

在第二实验小学，一节读图编题的数学课给了我们深深的启发。

由于是一节公开课，学校安排了录像。老师一开始就向学生提了两个问题。第一问：面对录像机，大家紧张吗？这一问，把课堂搅和得乱哄哄的。一开始大多是一些硬邦邦的声音："不紧张！"然后，当老师鼓励一名女生说真话的时

情感的火花燃烧起来了

候，小女孩儿显得有些不好意思，她说："跟平常是有点儿不一样，稍有些紧张。"当老师称赞这名学生的回答时，学生们发现，老师并不是以紧张不紧张来评判大家，课堂上立时出现了一大批"紧张分子"，有的说得更具体："看见才紧张，看不见就不紧张。"老师一一表扬了所有的学生"敢于说真话"。

第二问：录像机录下的影像有什么用处？由于第一次的经验，这次的回答更是五花八门，没有一个学生的回答是跟别人相同的。老师又给予肯定，这一次她告诉学生："尽管大家的答案各不相同，可所有答案都是正确的，因为一个问题可能有许多结论。"

时间就这样用掉了五分半钟。这也正是"反对派"反对的理由——不就是想把课堂气氛提一提吗？干吗占用这么多宝贵的时间？

其实，占用这五分半钟的道理自不待言，有课堂上的教学为证。在读图编题的教学中，省掉的可不只是五分半钟。学生们面对一张简单的图画，思维异常活跃，奇迹般地编出了丰富多彩的题目，想象力让在场听课的老师感到吃惊。

　　试举一例。有一幅郊游的画面：山上有 7 个学生，山下有 4 个学生，要求列出一个加法算式。大部分学生列出了 7+4=11 或 4+7=11。可很快，气氛就进入了一个新的高峰。有几个学生发现，山上、山下各开着一些山花，围绕着山花，他们编出了一组新的题目。老师很兴奋，刚要总结，又站起来不少学生，原来他们又有了新的发现——山上、山下既有男同学也有女同学，既有红花也有紫花，于是题目又编出一批来。在过去的课堂上只产生一个算式的郊游图，在这一堂课上学生们竟然编出了十几个不同的题目。

　　后来，我曾拿过这幅郊游图让人们编题。其中有一次是在省级骨干教师培训班上，有一百多名中小学教师，直接从事小学数学教学的也有三四十名。结果大家费了好大劲儿编出了两个题目，就再也没有人站出来了。

　　为什么会这样？我们不能过分夸大这群孩子的智力，因为他们毕竟才处于思维成熟的初期。然而，他们有"怎么想就怎么说"的情感支持，有"一个问题可能有许多结论"的思维背景，有老师为他们点燃求异思维的火苗。我们这些为人师者缺少的不正是这个吗？

　　显然，开课两问已远不仅仅是为了烘托，而是为读图编题做铺垫，也不仅仅是为了"把课堂气氛提一提"，更重要的是为了落实课程目标，为孩子们的情感、态度奠基。这力量的风帆不仅要让一堂课中孩子们的思维轻舟荡漾，更要让孩子们人生的大船乘风破浪。

　　我有一位学生，他在一所小学做校长，为了解决一些孩子在课堂上不专心学习的问题，他没有就学习问题解决学习问题，而是从情感、态度入手，让学生组成访问团，到兄弟班级中做访问学者。这些小小的访问学者在兄弟班级学习格外卖力，因为在他们看来，他们不仅是在学习，更是在展示自己班级的风貌。

　　看来，以什么样的精神状态和情感方式投入学习，比怎样学习、学习什么更重要。

为孩子的思维插上自由飞翔的翅膀

那是听一节小学一年级的语文课《小池塘》。

文章被认为是一篇美文。"春风姐姐轻轻吹了一口气，小池塘就醒来了。池塘里的水波一闪一闪的，像一只明亮的大眼睛。池塘边的芦苇长起来了，像长长的睫毛。"

课是从老师的朗诵开始的。读完第一段，老师在投影幕上展示出第一幅图片——像"明亮的大眼睛"的小池塘，孩子们一下子把目光全都集中在屏幕上，老师显得很高兴："大家说，像不像明亮的大眼睛？""像！"孩子们异口同声地回答。我一看，是下载的一幅照片，池塘周围长满的芦苇，几乎把池塘都给遮住了。我担心老师再问下去，不出所料，她又问道："大家看池塘边的芦苇又像什么？""像长长的睫毛！"其实答案早就有了。

课继续进行。还是老师的朗诵："白云倒映在池塘里，像一群白鹅。太阳倒映在池塘里，像一只鲜红的气球。月牙倒映在池塘里，像一只弯弯的小船。星星倒映在池塘里，像许多闪亮的珍珠。"还是展示图片，这两幅图片上是白云、太阳、月亮和星星倒映在水里的情景。跟上一幅图片不同，这两幅是老师自己制作的。看得出来，老师费了好大劲儿，图片漂亮倒是挺漂亮，可硬要让学生就课文的描绘从图片中找出答案，未免有点儿牵强附会。不过，课还是按照原来的模式进行……

说实话，老师的基本功不错，课堂气氛也挺热烈。孩子们字认识了，词语学会了，课文中的答案也找到了，该解决的问题似乎都解决了，可我似乎感到缺失的东西太多。

我突然想起了另一节语文课，那是一位下乡支教的老师在一个乡镇学校上的《难忘的泼水节》，文章写的是周总理参加傣族泼水节的故事。当讲到周总理穿着傣族的服装，背着象脚鼓出现，全场欢腾的场面时，老师拿出了一盘录像带说："这个场面真是美极了，为了让大家更加了解当时的实际情况，老师带来了一盘录像带，你们想不想看？""想看。"孩子们兴奋不已。老师又说："这是一盘独特的录像带，不能用眼睛看，只能用心看。你们闭上眼睛，谁用心谁就能看到。"孩子们全都闭上了眼睛，老师充满激情地朗诵着："周总理身穿对襟白褂……"朗诵把孩子们带到了美妙的情境之中，他们眼前出现了一幅幅美丽的画面。朗诵完了，老师问："同学们看到了吗？""看到了。""看到了什么？""周总理来了。""孩子们欢呼哇！"老师激励着大家。"周总理来了！周总理来了！"孩子们开始欢呼了。老师又说："有两个同学真的看到了，你们看，他们多么激动，挥着双臂高呼着。"全班学生都挥起了双臂，大声地欢呼着："周总理来了！""周总理来了！"场面热烈极了，师生共同融入课文中，教室里里外外许多听课的老师、家长都流下了激动的泪水。老师接着又说："谁来把看到的情景描绘一下？"立即站起好几个孩子，他们绘声绘色地描绘，像真的见到了当时的场面一样。

我想起了新的课程目标：在发展语言能力的同时，发展思维能力，激发想象力和创造潜能。

可以肯定地说，这一节《难忘的泼水节》在学生大脑里构建的图画并不一样，他们描绘的场面也各不相同，正如有多少个读者就有多少个哈姆雷特一样，有多少个学生就有多少个泼水节的场面。其实这一点已经不重要了，重要的是他们是不是在思考。在这样一个演练思维体操的黄金年龄，为孩子们扬起思维的风帆，插上思维的翅膀，才是教育者的天职。正因为没有泼水节场面的图片，才给了我们的孩子想象的空间、思维的余地。

小池塘的图片有了，学生的思维却没了。

第二节，还是《小池塘》，执教的还是同一位老师。原来的图片没有了，老师开始让学生动手动脑了，但受课文的局限，孩子们始终围着教材转。

第三节还是《小池塘》，执教的是一位刚刚毕业的青年教师，她对池塘似乎有特别的感悟。她和孩子们一起把课本上的小池塘与"我心中的小池塘"、"家乡的水湾"、"不一样的池塘"连在一起，把课堂搞得气氛热烈。

评课会上，我没有再讲语文，而是给大家介绍了我在美国考察时听过的一节数学课。课堂上，老师让学生确定一个数字，使这个数字满足以下条件：（1）4位数；（2）每一位上的数字都能被3整除；（3）任一位上的数字都不是0；（4）能被4整除；（5）大于7000；（6）十位和千位上的数字相同；（7）能被9整除；（8）个位上的数字与百位上的数字不同；（9）能被27整除；（10）百位上的数字是3。

显然，这是一个开放性的题目。老师并没有把解决这个问题的方法或者思路教给学生，而是让学生自己想办法来研究确定这个数字。

有的学生读完了所有条件，然后从最容易确定的数字开始一个数字一个数字地确定，如由（10）确定百位上的数字是3，由（2）得出4位数每个数位上的数字只能是3、6、9等。有的学生读一个条件就提出一个初步方案。有的则先列出一些满足部分条件的数字，然后再一个一个地排除。不同的学生有不同的思考，于是也就产生了不同的解决问题的方法，而这正是老师追求的效果。

学生们的想法有的巧妙，有的稚拙；有的奇特，有的平淡。其实，这些都不重要，重要的是，这些是属于他们自己的想法。

什么时候孩子们在我们的课堂上学会独立思考了，什么时候孩子们能够探寻属于自己的答案了，我们的教育也就成功了。

警惕活跃的课堂

2002 年春天，我在一所初中的同一个班级一连听了六节课。

六位老师的素质都不错，可要从课堂气氛来说，还是历史课最好。

一开始上课，历史老师首先向学生声明："今天的课，要把同学们分成男女两队展开竞赛，以回答问题的多少、对错分别计分。回答一次，不管对错得一分，回答正确再加一分。如果回答得特别棒，还可以奖励分数。"这话一说出去，课堂气氛还真的有点儿不一样，学生全都昂起头，直盯着老师的嘴巴，像是生怕老师嘴里流出什么东西他们来不及捡一样。

课上得很热闹。从第一分钟起，老师和学生就进入了角色。两队剑拔弩张、互不相让，老师的问题还没有说完，学生们的手臂就高高举起来了，比起我们常常看到的电视抢答赛来，也毫不逊色。

40 分钟很快就过去了。我核对了一下听课记录，老师总共提出了 17 个问题，提问了 23 个学生，有 108 人次的学生在课堂上举手要求发言。师生互动时间为 38 分钟，占课堂教学时间的 95％。

一天的听课活动结束之后，我们又搞了一个学生问卷调查。很自然地，历史课是全班学生最喜欢的课。在 73 份问卷中，把历史课排在第一位的竟有 61 人，比第二名多出接近一倍。理由就是老师把男女生分组计分，调动了大家的积极性。

听这样的课，连听课的人也有精神。

可是，接下来发生的事却引起了我们的深思。

在听课的第三天，我们对其中四个学科的教学内容进行了一次测试。测试成绩令人难以置信，学生最喜欢的历史学科平均成绩只有 56.3 分，远远比其他三科平均分低，比最低的英语学科的 71 分还少将近 15 分。

我们再来看一下测试的题目。三个单项选择题只是诸如"铁军"指的是哪个部队之类的题目，另一个简答题则是"列举北伐战争节节胜利的原因"。连学生都认为，这样的考试太简单了些。历史老师也承认，题目确是一些基本的内容，并不是教学难点。

这样的成绩与这样的课堂气氛显然出入太大。历史老师感到委屈：新的教学理念不是要求师生互动吗？不是要注重对学生的过程性评价吗？不是要调动学生学习的积极性吗？……听课的人感到茫然：学生喜欢的课堂为什么没有令人欣慰的成绩？

问题究竟出在哪里呢？我们开始反思历史课堂。

——假问题太多。

我们仔细研究了一下随堂听课记录，发现了一个非常重要的现象：在历史老师的17个问题中，大部分问题其实是一些"假问题"。我们先来看一下老师提出的前8个问题：（1）革命统一战线建立的标志是什么？（2）统一战线建立后，领导国民革命运动取得了哪些成果？（前2个问题是复习上节内容）（3）北伐的目标是什么？（4）北伐的主要对象是谁？（5）北伐军分哪几路？（6）北伐的主要战场在哪里？（7）北伐军的主力是哪一路？（8）东路的对象是谁？这些提问与其说是在激发学生的思维，不如说是在打发课堂时间，把上课的时间填满。很明显，第一，这些问题大部分是事实性的，学生通过阅读教材就可以回答；第二，所提问题与其说是在努力引发一场有意义的讨论，不如说像是一场口头测验；第三，采取男女生比赛计分的办法促进了学生举手回答问题的积极性，但由于问题基本是一些判断题、填空题，大部分学生关注的是谁来回答问题，而不是问题本身。

提问应该是教师讲授和学生能动思考之间的纽带，应该是将教师要讲授的内容转化为学生想学习的内容的契机。把必须教的东西转化为学生想学的东西，这才是发问的本质。而这种为问而问、为答而答的提问和回答事实上都已经远离了发问的初衷。

——由于假问题充斥课堂，影响了真问题，也就是教学重点和教学难点的解决。

在历史课提问的 17 个问题当中，教学重点如"北伐的过程"、"国民革命失败的原因"，教师也都提出来了，也试图解决，却都没有解决好。

第一个问题，老师让学生结合课文用自己的话讲述。结果学生由于没有足够的时间，准备不充分，大多低头不语，与课堂上的热烈气氛形成巨大反差。老师只好降低要求，变成了"有感情地读一下课文也可以"。

第二个问题，讨论国民革命失败的原因。这个问题本来可以引导学生深入思考，甚至可以引发学生争论，以拓展学生对当时历史背景的认识，使他们更加现实地分析原因，可由于担心学生出错影响教学进度，老师把可能激活学生思维的真问题揽到自己手里，轻而易举地解决了。由于老师不敢展开问题，所以就错过了一个可能使学生难忘的争论过程。看起来这是节约了授课时间，但却错失了开发学生思维的机遇。

在时间安排上，第一个问题表面上看用了 4 分钟，但去掉僵持的时间，两名学生"有感情地"读书只用了 2 分钟；第二个问题也不过用了 3 分半钟，还包括老师的点拨。这样一来，40 分钟的授课时间，真正用在解决教学重点上的时间，真是少得可怜。

——提问时，几乎没有等待的时间，学生还没有展开思维就被要求回答问题。

好问题往往有提问技巧，应当使学生有充分的时间考虑如何回答问题。可是据我们观察，在历史课上，通常是老师提出问题之后不到 1 秒钟便让学生给出答案。一节课 23 次提问，平均等待时间不到 1.5 秒钟。即使是要学生"用自己的话叙述北伐的过程"这样一个需要时间归纳的问题，也不过等待了 3 秒钟，这和学生思维成熟所需要的时间相差很远。

还有，在教学环节的安排上更是不尊重学生的思维，随意转换教学环节。

在历史课的 40 分钟里，总共有 17 个教学环节，平均每个教学环节只有 141 秒。学生的思维根本来不及深入，老师就已经转到另一个教学环节上去了。这样，我们还有什么理由对学生思维的深度提更多要求？

对于等待时间过少，老师们往往有好多言之凿凿的理由：一是为了保证教学进度，二是为了保持学生的注意力。但我们有理由反问一句：保证了你的教学进度，学生的学习进度有保证吗？学生的听觉与视觉注意力保持了，其思维的注意力也保持了吗？

美国学者罗威通过实验发现，在那些把等待时间延长了 1—5 秒的课堂上，发生了下列可喜的变化：（1）学生回答的平均时间延长了；（2）学生回答问题更加主动，正确率也提高了；（3）学生不能回答问题的可能性减小了；（4）思考之后再回答的现象增加了；（5）从事实推论得出的论述增加了；（6）学生的提问增加了；（7）学生做出的贡献更大了。

我们希望老师不要经不住课堂上的沉默，因为只有活跃气氛而没有屏神思考和思维交锋的课堂不是健康的课堂。

如果让我们得出结论，那么这个结论可能更加让这位老师吃惊：学生喜欢的课并不一定是一堂好课，师生互动、学生活动量大的课也不一定是一堂思维活动总量大的好课。智力的核心是思维能力，只有学生的思维总量大了，才有可能启动他们的智力发展。

由此我们引申开去，进一步得出这样的结论：运用了对话、讨论等新课程大力倡导的学习方式的课不一定就是真正体现了新课程精神的课。表面上以学生为主体而实际上还是教师牵着学生思维走的课，更不是体现新课程精神的课。课程改革的精髓不是形式的花样翻新，而是内涵的变化。

后来，我们把这个课例作为全市教学工作会议的一个内容，向全市的教育管理干部做了推荐，我们希望通过举一反三引起大家一些新的思考。

分层教学引发的上访事件

2002年，潍坊市教育局大张旗鼓地推行"课堂教学效益年"活动，让老师、学生向课堂教学要质量、要效益。我亲自带着教研室的老师们到学校听课、评课，研究各个学科的作业、考试，与校长们一同品尝学校管理的酸甜苦辣。

一堂英语课引发了大家的思考。

那是2002年暑期开学，在一所初中的第一堂英语课上，面对来自不同小学的一年级新生，老师不由分说按教材教起了26个字母。整整一堂课时间，从发音到书写，忙活了40分钟，老师按备课本上的程序走完了，学生也差不多发困了。

我随便问了一下身边四个孩子，才知道，他们来自不同的小学，有一个是从幼儿园开始学习英语；有两个是从一年级开始学习，只不过其中一个中途中断了两年；还有一个则是从三年级开始学习英语。

他们有如此不同的基础，却要面对如此千篇一律的教学。

恰在这时，我接到教育部通知，聘请我担任全国素质教育优秀案例评委，到北京参加会议。

会上，我就自己的困惑和分层教学的想法向国家教育发展研究中心的叶之红老师请教，她没等我说完，就非常兴奋地告诉我，就在我们所在的宾馆对面不远，有一所分层教学很成功的学校——北京市朝阳外国语学校，她建议我去考察一下。

会议的间隙，在叶老师的引领下，我来到朝阳外国语学校，见到了郝又明——一位受人敬重的老校长。她刚刚向我介绍了几分钟，我就激动起来，这正是我要寻找的东西。

我马上向她提出，明天能不能接待一下我们的一个考察团，因为我要把一些校长、老师拉来一同学习。

　　第二天，潍坊十中校长带着七位老师来到北京，来到朝阳外国语学校。

　　郝校长的探索叫我们感动。带着一份感动，回到潍坊，我们首先在十中的初三物理学科搞起了"分科分层不分班，保底促中不封顶"的走班式分层教学。

　　尊重学生的选择是分层教学的关键。为此，我们确立了"自主选层、理性选择、动态调整"的分层原则——要100%地尊重学生的选择，不能靠行政命令，哪怕命令只占1%，更不能搞强迫。

　　把选择层次的权力完全交给学生，行吗？万一学生都瞄准了较高的学习层次，而较低的学习层次没学生肯去，那可怎么办？再说，如果真的和孩子们商量起来，那还有个完？鉴于这种顾虑，实验伊始，老师们还是倾向于按成绩一刀切，选A选B，考一次试，画一条线，张一个榜，简便易行。这样既可以"因材施教"，又可以提高升学率，岂不一举两得？

　　实践证明，学生是能够在选择中学会选择的。

　　十中传达室一位职工的孩子，在物理分层时选择了B层，其实，他的成绩在全班是最差的，老师找他谈话，希望他能正视自己，理智地选择，谁知他"哗"地从书包里倒出一大堆书来，老师一看，全是物理参考书，这孩子咬着嘴唇"蹦"出一句话："说什么我也要学好物理！"这把老师感动得一句话也说不出来，说服工作只好作罢。这位老师说，这样的学生，你能不让他在B层试试吗？

　　一路坎坷一路歌，分层教学实施两个月后，大家才开始找到了新的感觉。

　　初三（3）班李亚娜的一篇《92分的遐想》叫老师们感慨良多。

　　不记得从什么时候起，我的物理成绩迅速下滑，从80多分滑到了30多分。这么低的分数，让我自己很懊恼，使我父母很发愁，可又有什么办法呢？

　　不久，学校实行走班制分层教学。开始我选择了B层，可是由于我的底子不好，竟连续两次测试在全班垫了底。还好，就在我感到自卑、无助又无奈的时候，老师建议我去A层试试。

　　意志坚强的人是不会被困难吓倒的。在 A 层活跃的课堂气氛中，我开始对物理产生了兴趣，我又重新找回了自信，重新认识了物理。

　　不久，在一次测试中，我竟得了 92 分。那个考 30 多分、在 B 层连续两次得倒数第一的人，这次竟得了 92 分。我乐了，爸爸妈妈也乐了，老师更是为我的进步感到高兴。

　　校长也显得很兴奋，他告诉我，现在的学生可好啦，就连初三原来那些"老大难"学生，现在见了他都是一脸灿烂，当这样的校长心里特别舒服。过去一到初三，就有相当一部分学生已经视学习为苦役，视学校为拘留所，视校长为陌路，甚至有个别学生把校长当仇敌，在校园里、大街上一见到校长，把头一扭就过去了。什么原因呢？追根究底责任还在我们，过去我们在教育教学和学校管理工作中对这部分学生太漠视了，在传统的教学组织形式下，说是面向全体学生，其实是一句空话。现在分层教学，实现了真正意义上的关注每一位学生。投桃报李，人之常情，你关注学生了，学生心里最清楚，又怎么会不尊重你呢？

　　看起来，改革比预想的要顺利。于是，十中又把初二数学作为第二轮改革的试点学科。

　　谁知还没开会动员，就出事了。几位家长为分层教学的事到市政府上访了，他们坚决反对分层教学。

　　当时，我正在北京开会，听到这个消息就愣住了：从没听说过家长因为教学改革而上访的，这里面肯定有蹊跷。

　　果然，事情很快就暴露出来。初二的一位数学老师担心把他教的那个数学特别好的班给拆散了，影响自己的教学评价，于是把家长鼓捣起来上访。

　　家长的工作并不难做。其实，他们并没弄清分层教学的真义，只是碍于那位老师的情面，按他说的折腾几下罢了。

分层教学研讨会

　　这件事虽没有影响我们的分层教学改革，却使我们认识到了问题的复杂性。这不仅涉及学生的利益问题，更涉及老师的利益分配问题，所以必须在改革之初处理好。

　　现在来评价分层教学还为时过早，因为在改革的过程中，常常是成功与失败同步，顺利与挫败并行。而且，改革越是深入，我们越会感受到改革的艰辛。一些越来越深刻的问题已经摆到我们面前，需要我们去求解。

　　制定好课的标准已经成为迫在眉睫的问题，三个教学层次，怎么能用同一个标准衡量？

　　班级管理也出现了新问题。在不同层次的班里，老师和学生建立了新的班集体，该用什么机制来规范？

学生自主选课同时也带来了部分学生的盲目选择，单纯从班主任的角度去指导学生，又常常被部分学生误解，校内学生咨询制度的建立、导师制的实施，会不会成为学校管理所必需的？

还有教师评价问题，教学分成三个层次了，已经不能单纯用成绩去评价教师了。对校长来说，这恐怕又是一个很现实的问题。

……

我们还不知道这项改革会是怎样的结果。我们也不应该把它的结果简单地归结为成功还是失败这样一个非此即彼的单项选择。

但不管结果如何，有一点不会错：最大限度地尊重学生的情感需求，尊重学生的学习差异，尊重学生的自我选择，这是教育的永恒追求！

中考大变脸

2001 年，我到美国考察中小学教育。

在美国华盛顿州 Gig Harbor 高级中学访问时，那个随行的高二学生记者引起了我的兴趣。

与她交谈，她告诉我，她之所以负责编辑校报，是因为她已经决定将来报考华盛顿大学的新闻专业。而且，她这次对中国教育代表团的采访报道，将作为大学录取的依据之一。那个陪同我们的半岛学区的校董，也热情地向我介绍说，她的儿子去年已被全美最好的滑翔学院录取，因为在高中学习期间，他在老师和校外技术人员的指导下，制作了一架出色的滑翔机，很受赞赏。在洛杉矶的 John Muir 中学，图书馆里有 13 个学生管理员助理，他们在图书馆里所得的学分竟然可以抵将来大学专业学习的学分，因为他们对图书馆学或者信息学感兴趣，他们在中学的学习已经与他们的人生规划和职业倾向联系在一起了。

很显然，他们的教育是对人的一生负责的，已经超越了一个学段仅仅是为了考取下一个学段这样一个非常狭隘的目标。

我想到了我们的中考。

随着课程改革在潍坊的深入实施，我们越来越多地面对老师、校长的提问：新课程之后的中考到底变脸不变脸？这是一个无法回避的现实问题：如果中考面目依旧，那么无论多么精彩的课程改革都无法真正深入下去。只看分数的录取方式，怎么可能让学校全面落实课程标准呢？一锤定音的考试，把各个学科的复习应考全挤到毕业年级，又怎么会使学生减轻负担呢？

我们应当从美国的教育同行那里借鉴些什么。

2002 年，潍坊市中考改革工作领导小组正式成立，开始着手对新课程背景下的中考进行调研。

在反复讨论的基础上，我们确立了制订中考方案的三条原则：第一，方案必须能够引导初中学校全面落实课程标准，有利于学生的全面发展；第二，方案应该以减轻学生的负担为前提，给学生更多的选择机会；第三，打破传统的学段间的分割，让前一个学段的综合学习成果能够得到后一个学段的认可。

根据这些原则，"化整为零，增加机会"的考试方案和"综合评价，下放权力"的录取方案一同出台。

"化整为零，增加机会"就是将以往的初中毕业考试分散到三年中。初一可以参加历史、地理、生物考试；初二可以参加物理、化学、政治、历史、地理、生物考试；初三可以参加全部学科考试。这样，就把压力分散到不同的年级，每年 1 月与 6 月组织两次考试，所有学科都开考，学生可以根据自己的情况决定考试科目和时间。同样，初中学校可以根据课程资源，对课程开设做出自己的选择和安排。比如，某一学科集中安排在某一个学期讲授，允许学生在学有余力的情况下提前结束某些学科。

　　"综合评价，下放权力"的录取办法，改变了过去仅凭文化课成绩录取学生的现象，将学生的综合素质作为录取的依据，而录取的权力则下放到各个高中学校，目的也十分明确，就是更好地发挥高中学校的创造精神，用多元化的录取方式拉动初中学校和学生的个性化成长。

　　2002 年 10 月，方案刊登在《潍坊晚报》上，正式向全社会公示。

　　11 月，方案提交市政府常务会议。会上，分管教育的副市长就制订方案的背景做了介绍。介绍完，他十分郑重地对市长说："这个方案我非常赞成，我认为，它代表了改革的方向！"

　　一个考试方案被拿到市政府常务会议上研究，这还是第一次。市长也表示，中考牵动千家万户，小事不小，方案很好，重要的是要操作好！

　　2003 年 1 月 7 日，中央电视台教育频道《当代教育》栏目在《聚焦新课程》节目中对我们的中考改革方案进行了介绍。

　　第二天一早，办公室转给了我一份来自谭女士的传真，其中说：

李局长：

　　您好！

　　元月七日晚 7:30，看完《新闻联播》，转换频道，正巧 CCTV-10《当代教育》栏目在播放"中考怎么办"，一看是关于我们潍坊的教育改革，作为一名初一学生的家长，我便锁定频道，认真观看。

　　听了李局长在栏目中对中考改革方案的剖析，我感到非常振奋，感到我们潍坊的教育是在做中国素质教育的领跑者。

　　我特别赞赏李局长提倡的"不要分分计较"、"两次考试选最优"及"因材施教、分层教学"等教学理念。

　　"不要分分计较"、"两次考试选最优"对学生可能是很大的激励，可以让学生在轻松愉悦的氛围中学到知识，学到本领。

对于分层教学，作为家长，我已从孩子的英语分层教学中看到了它所显现的好处。孩子的学习热情高涨，他会主动比学赶超了。

虽然对教学改革不是很内行，但我还是特此投一赞成票，祝愿这一改革实施顺利，结出硕果！

传真只有薄薄的一页纸，但在我的手上，分量却重之又重。

2004年7月，作为国家级课程改革实验区，高密首次按照新的中考办法招生，在近万名学生参加考试、六所高中学校同时录取的情况下，一切都显得理所当然，没有一个举报电话，没有一封群众来信，一切风平浪静！

改到深处是制度

2003年春，规范化学校验收遇到挑战。

验收组来到一所小学，有些"混乱"的实验课给他们留下了很不好的印象。孩子们自己在仪器室和实验室之间跑来跑去，取仪器、拿药品，拿错了的仪器摆在实验台上竟引起学生们哄堂大笑。实验员倒是清闲了不少。

书库全都改为阅览室，学生可以随意在书库里穿行，这也不符合规范化的标准。

还有艺术器材的管理，器材倒是不少，可器材库里的乐器却所剩无几，全都发到学生手里去了，有的甚至已经放到学生家里半年多了，也从没收回过，是否损坏了也不知道，这样的管理当然算不上规范。

看来，这所学校难以通过规范化验收，可恰恰它又是我们新课程实验的示范学校。

　　是为了达标把学校"规范"起来，还是首先考虑学生的发展，采取有利于新课程实施的做法？

　　两难之中，校长给我写了一封长信，把学校的苦恼说给我听。

　　事实上，我已经发现了同样的问题。在一个新课程评价项目研讨会上，老师们对考试的无奈引起了我的注意。应该说，我们的试题从内容到形式都已经没有太大问题，比较贴近新的课程理念了。那么问题到底在哪里呢？

　　与老师们坐下来深谈，才明白个中原委。原来，在一些学校，每次考试的成绩都要汇总，到年终对教师进行综合考核。新的课程文化要求教师关注学生未来的发展，每一个教学活动都要从长计议，而学校评价教师的办法却使教师不得不直面每一次考试。是把一次次的考试作为目标，还是着眼于学生未来的发展，为学生的终身发展奠基？这个问题给老师们带来极大的困扰。

　　其实，这不仅仅是一个如何评价教师的问题，更蕴含着一个如何评价学生的问题。理念的转变绕不开固有的制度制约。课程改革到今天，制度的改革、制度的创新已经迫在眉睫了。

　　2003 年 7 月，我们通过成立虚拟教科所的方式，向学校招标，寻找志愿者，以全面梳理学校制度层面的问题。

　　高密第一实验小学主动承担起新课程背景下小学制度创新的课题，并成立了以实验小学为基地的制度创新研究所，在实践中进行一系列大胆探索。

　　新课程的三维目标，特别是把学习的过程还给学生，在许多研讨会上被炒得如火如荼，但是在不少学校我们却经常可以发现这样一些规章制度：仪器室是不允许学生进入的，实验前仪器、药品的摆放是实验员的职责。这样的制度怎么能够保证把学习的过程还给学生？没有属于自己的学习过程，学生又怎么能够获得属于自己的体验，怎么可能在体验中领悟？

　　我们主张的是学生的自主发展，但我们评价班主任的工作还是"三跟、四查、五到位"，要求班主任时时跟在学生的屁股后面，处处做学生的保姆。只有这样的班主任才有可能得高分，才有可能被评选为优秀班主任。

我们担负着培养民主社会公民的责任，让孩子们经历民主，在经历民主的过程中形成民主的意识是教育的责任。但是，我们的校规校纪，甚至班规班法，却完全是由教师一手操办的，学生没有任何参与的权利。学校是一个社会的缩影，学校规章制度的出台是不是也应该先搞校园听证制度？……

2004年5月，我们开展了一个学校制度评估活动，对学校管理制度进行大梳理，查找影响学校教育生产力的生产关系到底有哪些。

不承想，制度梳理最终梳理到我们自己的头上，好多制度不好的根源就在我们教育行政部门。

我们有规范化学校的评估方案，但它的许多指标已经严重制约了我们学校的发展。不看环境、条件，不论城乡、规模，一个模子套下来，学校看上去是规范化了，但教育资源的浪费却触目惊心。学校失去了自主发展的权利，失去了个性化发展的空间，千人一面就难以避免。

我们有教学能手的评价标准和评选办法，但这些标准与办法都过于学科化，与新课程的期望相去甚远；我们有优质课的衡量办法，但这些办法的着眼点还是在课堂上或者在教师身上，对学生的关注则远远不够。

我们有考试制度，但我们的考试只重视结果，对过程却没有评价，对学校的业绩当然也只是重结果而轻过程。显然，这与我们新的课程理念相去甚远。

改到深处是制度。学校制度创新已经成为我们无法回避的一个现实问题。

5 / 借水行舟：让教育资源流动起来

把能够拿来的全部拿来

2002 年 9 月，作为山东师范大学兼职研究生指导教师，我应邀担任教育硕士学位论文答辩委员会委员。

教育硕士毕业论文的选题引起了我的注意。按说，他们大多来自教学一线，在工作中应该有一些深入的思考，可是，他们的选题却基本上是一些不痛不痒的问题，与在教学一线遇到的现实问题相去甚远。

教育硕士应该立足于解决教学实际问题，用他们学习的理论攻克在实际工作中遇到的难题，不然，就会远离教育硕士的培养目标。

与学生交谈时，我发现他们也有自己的苦衷：长期埋头于教学业务，囿于小小的校园，没有开阔的视野，更缺乏综合研究、解决问题的能力。

教育硕士有两年的时间可以回到本单位边工作边做论文。我想，何不成立一个教育硕士流动工作站，把他们做论文的时间适当集中起来，整合他们的智力，以解决潍坊教育遇到的问题，也为他们搭建一个研究问题、解决问题的平台？这样，他们的论文写出来了，实际问题也得到了初步解决，何乐而不为？

谁知，工作方案还没有拿出来，有些人就提出质疑：只听说有博士后科研流动站、博士后科研工作站，这教育硕士流动工作站倒是新鲜事，他们能研究出什么来？

我把这个想法汇报给市委组织部的领导，他们一听，当即就给予了很高的评价。于是，筹备工作就紧锣密鼓地开展起来。

2004年3月16日，成立"潍坊市教育硕士流动工作站"的文件签发；7月，工作站正式成立，第一批十名教育硕士进站。

在教科所的指导下，他们很快确定了自己的研究方向，潍坊市的几个重要研究课题也同时启动。

一个人无论多么聪明，他的智力也是有限的。将他人的智力拿来为我所用，是我一贯的工作方法。

2002年，义务教育课程改革到了攻坚阶段。不少难题制约着改革的深入，在课堂里、学校管理中，我们遇到了大量的问题需要研究，感到有点儿力不从心。

问题出现在学校，解决问题更应该基于学校，但仅凭一所学校的智力、条件，难以解决综合的问题。

联校教研开发的实验启发了我们，何不搞一个虚拟的科研组织？于是，二十多个集中了许多学校智力的松散型市级虚拟教科所相继成立。我们以一所学校为中心，联合有关学校，组成了由教师、校长参加的进行专门研究的专业组织，并以会议等形式进行研究成果的交流和探讨，共同解决教学和管理难题。

2003年年底，全国基础教育课程改革经验交流会在福建南安召开，会议期间，北京师范大学的老师向我介绍了他们正在开展的一项实验——"攀登英语"。这项实验是根据当前广大农村地区缺乏英语师资而设计的，它通过教育资源的支持和教学方法的改革，在没有英语教师的课堂里，让非英语教师教英语。我对这个项目很感兴趣，因为农村学校太需要这样的项目了。而且，这个项目的主持人是北京师范大学认知神经科学与学习国家重点实验室首席科学家董奇教授。

　　我决定把这个项目拿过来，让它在潍坊扎根。其实，这样做还有一个重要的考虑，我没有说出来，就是把认知科学的最新研究成果最快地应用于潍坊的教改。

　　董奇教授是全国著名的认知领域的科学家，如果他的团队的智力能够为潍坊所用，那潍坊的教改肯定会走得更快、更好。

　　2004 年 7 月全市骨干教师培训，我们把董奇教授从北京请来，他不仅给老师们做了"脑科学与认知发展"的精彩报告，而且还带来了他的一个学术团队，实力型培训阵容让老师们受益匪浅。

　　2004 年 8 月 24 日晚上，借到教育部开会的机会，我来到北京师范大学，参观了认知神经科学与学习国家重点实验室，听取了董教授的介绍。我向他说出了自己的想法，想全面借助认知领域的成果，打破目前各个学科在教改上各自为战的局面，形成一个能够在一般的学校、一般的师资条件、一般的管理水平下推广的，操作方便而又符合规律的整体改革项目。我们的目标是：向规律靠拢！

　　董教授非常高兴，我们的交流一直持续到晚上 10 点，思路也越来越明朗。

　　当然，这样的事情还有好多。

　　与苏、沪、浙、粤、辽有关地区结成战略合作伙伴，在各个领域进行协作交流、信息共享，也是我们的主意。从 2002 年起，我们又把一部分年轻有为的教育干部选派到教育部有关部门挂职锻炼，让他们接受前沿的教育信息来指导我们的决策。每到一处讲学，我首先要考察当地的教育，学习别人之长，不放过一切机会，如果碰上专家、学者，则力邀他们来潍坊讲学。

　　我的目标就是，把能够拿来的智力全部拿来，让它为潍坊教育的发展加油添柴。

向社会购买智力

到 2002 年，学校信息化的硬件建设告一段落，全市学校计算机拥有量已达 13 万台，每 10 名学生就拥有一台计算机。校园网建设更是突飞猛进，所有的高中、初中和完全小学全部建成了校园网。

我们遇到的最大问题是校园网的使用。怎么让教学资源在校园里有效地流动起来，让信息走近老师、走向学生？ 2003 年，我们把校园网教育资源的流量作为对县区、学校督导评估的指标之一，试图以此解决这个问题。

这样一来，难为了教育督导室的评估团，他们整个团队没有人能够担负起评估网络信息流量的重担。

其实，重担也不算太重，只是没人懂行罢了。于是，他们提出，能不能调一些懂行的人到督导室工作。

增加了新的工作，就一定要增加新的人员；有什么样的工作，就一定要有什么样的专业人员。在过去，这是毫无疑义的，可是在今天，我们就办不到！

当时，我们正在进行几所新学校的建设。讨论起学校建设，大家慢慢明白过来：盖大楼我们不是也不懂吗？可我们也没有把懂建筑的人调到学校里来呀，向懂行的人招标不就行了吗！

向社会购买，向计算机公司招标，谁能给我们测定清楚就用谁。

这一招还真管用。

2004 年，学校安全工作管理越来越成为我们工作上的一个难题。往往检查安全的小组刚到学校，陪同的基层干部就等在那里。有时候，两个人的检查小组要跟十几个甚至二十几个陪同人员，你还能查出什么问题！

微服私访吧，可机关的干部就那么几个，基层的人们谁不认识？你前脚到，人家后脚就跟上来了。

有没有更好的办法？

我们想到了社会的力量。让新闻界的人员参与，让他们去发现问题，然后，我们来购买问题。

记者们采录下的安全隐患真是触目惊心，一个回合下来，发现了一百多个问题点，二十多分钟的录像片，直叫收看的干部们脸上冒汗。

尝到购买智力的甜头了，大家连日常需要开好多会研究的事情也打起了购买的主意。2003年，我们开展"向成功开刀"活动，要求找出"学校走向衰败的30个征兆"。如果按传统的办法，就必须经过几个回合的讨论、研究，而且找出的东西往往角度有问题，自己看自己，毕竟"身在此山中"，难识真面目。这样做不仅成本不低，而且价值并不见得有多高。

向社会招标，让不同的人参与其中，从不同的视角发现问题，以不同的思维方式研究解决问题的办法。一个挺有新意的方案就这样出台了。

慢慢地，大家又把这一解决问题的思路引申到解决一些老大难事情上。教师培训算是其中一件。

过去我们一直沿用传统的培训方法，每年坐在办公室里，想出一些培训内容，设计一些培训方案，出了不少力，花了不少钱，吃力不讨好。因为你要搞的培训，老师们并不一定需要，何况，他们的需求并不一样。所以，一到培训的时候，整顿培训纪律、控制培训出勤就成了组织者的难题。出了钱，出了力，结果来培训的人还一点儿都不领情。

2004年暑期，我们开始构建新的培训机制。首先，我们认定一批培训机构进入潍坊教师培训市场，让这些培训机构每学期向教育系统公布他们的培训菜单，包括培训内容、地点、主讲人。我们把培训费以证券的方式发放给接受培训的老师，然后由他们拿着证券自己选择。这样以市场的方式搞培训，既能保证培训的质量，也可以满足老师们的需求。

我们终于发现，社会的智力资源一旦进入教育，对我们将是一个巨大的支撑。

"亲子共成长"

2002 年 8 月 18 日，一个星期天，潍柴礼堂里座无虚席，不时有雷鸣般的掌声响起来。

让礼堂服务员感到奇怪的是，过去来礼堂开会的，要么是干部，要么是教师，总之是某一类人，特征鲜明；而这次参加会议的，既有白发苍苍的老者，又有朝气蓬勃的青年，既有衣着光鲜的，也有穿着极为简朴的：有的看上去像知识分子、像干部，有的又像是刚走出车间的工人、郊区的农民……

原来，这是由潍坊市教育局举办的"更新家庭教育观念"报告会。参加会议的全是学生家长。

随着改革的深入，我们越来越感受到家长参与的重要性。

可以说，没有比中国家长更"爱"孩子的了，也没有比中国家长更不懂得"爱"孩子的了，中国现在的独生子女被称为"小皇帝"就是证明。然而，家长不是在具备了家教素养后才成为家长的，也不能等孩子长大定型、家长悟出了家教得失之后再对孩子"回炉"。那么，谁来给家长补上现代家教这一课？谁来清除家教中的诸多误区？我觉得，教育行政部门有义务承担这一重任。

于是就有了自 2002 年 8 月份开始到现在我们举办的 20 期"更新家庭教育观念"报告会。除 2003 年"非典"期间，每月都有一至两名家教"名家"莅临潍坊传播先进的家教理念。

来潍坊讲学的大多是全国"更新家庭教育观念"报告团成员，有家教专家"知心姐姐"卢勤，南宁市"优秀家长"莫欣荫，全国家庭教育"园丁奖"获得者王蓬，钢琴王子吴纯的母亲吴章鸿，北京市家庭教育研究会副会长、中国家庭教育学会常务理事王宝祥，中国陶行知研究会赏识教育研究所所长周弘……专家们声情并茂的演讲、推心置腹的交流、看得见摸得着的家教成果，震撼了每一位家长。家长代表回家后趁热打铁，再次宣讲给其他家庭成员，于是，"走出家庭教育中的误区"、"给孩子一个人生的支点"、"陪孩子长大"、"让孩子在肯定中长大"、"让孩子在快乐中学习"、"以德育人是大根本"等观念进入了全市许多家长的心里。专家们用自身家庭教育的事实告诉家长："播种行为，收获习惯；播种习惯，收获性格；播种性格，收获命运。"

为了给"亲子共成长"工程添薪加火，我们还就当前家长们最关心的新课程改革问题，讲了"新课程背景下的家庭教育"，告诉家长：教育首先是"人"的教育，而不仅仅是知识、文化的传授和技能的学习；我们今天的教育是为了让儿童能够持续一生地学习，有尊严、高质量地生活，是为了让他们能够为自己所处的环境做出充分的贡献，并且有能力把握自己的人生；"教育即生活"，"生活即教育"，"学校即社会"，家长不能把学校与社会机械地分割开来，不能把教育与生活简单地分割开来，而要走进孩子的心里，更多地关注孩子内心深处的东西。我们还为孩子们列了参考阅读书目，指导家长为他们选择适合阅读的书籍。

20期报告会的成功举办，在社会上引起了强烈反响。

有位出租车司机听说"亲子共成长"专家报告会后，立刻打电话通知孩子他妈前去旁听。听完后夫妻双双走进了书店。

还有一位工人，听了专家的报告后，激动地与大家交流他的感受。

那天听完讲座后，我立即买了相关资料，回到家播放光盘，让家里的其他成员学习。我们大家都有共识，变化在悄悄地发生，家里的气氛更加融洽、快乐了，家长与孩子像朋友一样真诚地交流。我们不再过多地督促孩子学习，而是自己努力地工作、学习，用我们的行动带动、影响孩子，使她很自觉地完成自己的学习任务。在和孩子民主平等交流的过程中，孩子给我提出了很多批评意见，比如，我有时说话不够文明，有时外出应酬太多。在以前，我可不准她提意见，可参加了报告会后，我虚心接受了。我就这么一个女儿，我争取通过良好的言传身教来影响孩子，我愿意与我的孩子共同成长。

家庭是社会的细胞。每一个细胞都焕发生机，整个社会才能充满活力。学校教育延伸到家庭，为家庭所认同，才能获得可持续发展的不竭动力，才能赢得真正意义上的教育质量，赢得自身应有的荣誉和地位。

百万人家竞读书

教育是与读书联系在一起的，书籍是最重要的教育资源。一个学生在他相应的年龄段，如果没有读过适合他读的书，那是人生无法弥补的遗憾。应该让读书活动伴随孩子的一生！

正如一位学者所指出的那样，如果一个人从来没有读到过一本令他激动不已、百读不厌的读物，从来没有苦苦思索过某一问题；如果从来没有过一个令他乐此不疲、废寝忘食的活动领域，从来没有过一次刻骨铭心的经历和体验；如果从来没有对自然界的多样与和谐产生过深深的敬畏，从来没有对人类创造的灿烂文化发出过由衷的赞叹……那么，这个人就不会有人性的光辉，就难以走进一个丰富而美好的精神世界，这样的教育就不是真正的良好的教育。

正是基于这样的认识，我在任高密一中校长期间，启动了"语文实验室计划"。担任潍坊市教育局局长后，我又在全市启动了"朝阳读书计划"。

"朝阳读书计划"是面向全社会的，并不局限于学校。其基本思路和操作方式如下。

——读什么书？市教育局为此专门确立了相关立项课题，如"中小学生阅读心理研究"，经过长期调查论证，确定了每一个学段的选读书目，为读书活动提供了参考依据。

——在学校内如何实施？借鉴高密一中的"语文实验室计划"，用1/3的时间学习教科书，用2/3的时间在专门设立的阅览室按特定的流程读书和写作。

——举行"朝阳读书知识竞赛"和读书征文评选活动。市教育局与《潍坊晚报》联合举办该活动，定期在《潍坊晚报》上刊登竞赛题和优秀读书征文，由"朝阳读书"工作委员会负责阅卷和发奖，对获奖者登报表彰。

——举办"朝阳杯优秀藏书之家"评选活动，按照层层择优申报的程序，由潍坊市教育科学研究院组织专家评出潍坊市区十佳优秀藏书之家，为他们颁发证书，并在《潍坊晚报》上刊登表彰决定。

——举办"朝阳杯读书之星"评选、"朝阳"读书活动先进组织者和先进学校评选。

在所有的"朝阳"读书活动中，重头戏是"大师"走进"朝阳读书计划"——定期邀请国内外著名作家来潍坊为学生搞读书讲座。让"大师"走进"朝阳读书计划"，意在"取法乎上"，让学生一开始就有一个高起点。

第一位走进"朝阳读书计划"的"大师"是《红高粱》的作者、著名作家莫言。当学生崇拜的偶像一下子从"天上"来到他们身边，和他们进行心与心的交流时，

莫言在读书讲座上

这对他们的教育意义当然不是学校教育本身所能达到的。

伴随着"大师"走进"朝阳读书计划","专家学者进校园"活动在潍坊也举办得红红火火。

诸城一中根据师生的要求制订学年规划,定期从高等院校、科研单位及企业界聘请教授、专家到学校讲学,与师生座谈交流,内容涉及经济改革、高新科技领域、现代企业管理等,令学生大开眼界。近三年来,他们先后从中国社会科学院、北京大学、北京师范大学及海尔集团等单位聘请专家、教授为学生做报告近30场,受到广大师生和社会各界的一致好评。

李宪阳校长说:"通过这些活动,我们的学生就像炮台上的麻雀,见过大动静,其他风吹草动,你奈何他不得!"

6 / 打造教育强市

抖"家丑"抖出的教育兴奋点

教育是民族的希望，教育兴则国家兴。对一个民族来说，没有比办教育更能拯救自己的了。

可我们却经常听到这样一些议论：教育越好，走出的人才越多，潍坊一年考走多少大学生，带走多少钱，而能回来的又有多少？这些议论也常常会成为人们不重视教育的理由。

讲道理，并不能代替踏踏实实地工作。再说，大家并不是不明道理，重要的是，这个道理对他们有多大的实际意义。

2001 年夏天，围绕打造基层党政领导在教育上的兴奋点，我和分管教育的副市长开始研究《山东省教育督导条例》，其中的条款如"向本级人民政府和上一级教育督导机构提交督导报告，必要时可以将督导结论在本行政区域内通报或者向社会公布"、"督导结论应当作为有关部门对被督导单位及其主要负责人进行政绩考核、奖惩任免的主要依据"，让我们觉得大有文章可做。

于是，我们决定对各县区教育工作开展五项重点工作督导，并以市政府的名义下发通知，宣布督导评估指标。

2001年11月，由专家、业务骨干组成的60人督导团悄无声息地分赴县市区。他们自备车辆，自行安排生活，谢绝地方党政领导陪同，排除一切干扰，让结果公正、准确，经得起历史考验。

结果出来后，怎么利用它，这是关键。

过去，不过是下发一个文件对督导结果予以通报罢了。可是文件太多了，就常常被藏入深闺，至于以后怎么样，谁还管它！

于是我们想到了媒体。

如果真的希望让老百姓了解这个结果，让他们参与监督，就应该让他们知情。

我们决定把督导结果公报发布在《潍坊日报》上。

《潍坊日报》的编辑们听说此事，感到很新鲜，也有些担忧。因为报纸自创办以来，还从未刊载过这样的内容。先进单位可以刊载，落后的刊载出去会不会叫一些人难堪？

难堪是必然的，从某种意义上说，难堪之后可能就会有兴奋点！

2002年1月8日，《潍坊日报》拿出接近一版的版面刊载了"潍坊市教育五项重点工作督导评估结果"，把各县市区教师平均工资、危房改造进度、学校公用经费、信息技术教育、教育质量等情况全部公布出来。一时间，教育成为全潍坊关注的热点。

有一天，有位市领导告诉我，教育督导促进了计划生育工作，这让我觉得一头雾水。原来，公报发布后，有一个县的教育工作全市排名倒数第一，而接下来的计划生育检查情况也不是太好，县长找到了市计生部门，承诺只要确保不是倒数第一，他们要多少钱就给多少钱。结果，60万元计生资金当天就被拨到了县计生委的账户上。

置于群众的监督之下，我们往前迈出了一步；怎么让这个结果更有效力，我们又往前迈出了第二步。

2002 年 7 月，市委组织部下发了《关于将教育督导情况纳入党政领导政绩考察的通知》，明确规定："教育督导评估结果作为上级党委、政府考核县市区党政领导政绩的重要内容之一，并作为今后对其提拔和使用的一项重要依据。"

这样，我们每年就有了一个"公开告状"的机会，把各县市区的教育督导情况，以文件的方式报送市委组织部，并提报市委市政府的主要领导，作为党政领导政绩考察的主要指标之一。

"公开告状"是开玩笑的话。其实，对有些人来说，与其说这是"公开告状"，倒不如说这是通报表彰，因为他们为了教育，为了孩子们的事业，付出了太多太多。

在这里，我不能不提一提诸城市，早在全国基础教育工作会议之前，他们就第一个在全省把教师工资收归县级财政，而且又一鼓作气由县级财政统一拨付学校的公用经费，其定额标准在全省也是最高的。

在 2003 年全国教育督导工作会议上，参观过现场的与会代表们说，我们明白为什么要在潍坊开会了。

明白了什么？教育已经成为潍坊各级党政领导的兴奋点！

2004 年 3 月，省政府对全省各市的教育水平进行综合督导，潍坊以 240.1 分名列全省第一。一个人均财力在全省居于中等的人口大市，教育却被放在了党政领导的心上。

墙里开花墙里香

从 2001 年原市教委评选第一届教育创新成果奖开始，市教育局一直把教育创新"缩在手上"。

每年一届的教育创新成果评选是教育系统的大事，其奖项也成为教育系统的最高奖项。到 2004 年，我们已经评出 60 多项教育创新成果奖。

从 2002 年开始，我们又在机关开展了金点子评选活动……

但是，怎样把创新成果转化为现实生产力，怎样把身边的经验转化为大面积的实践，墙里开花怎样先叫自家的院里香起来，却是一个长期得不到解决的问题。

不是所有人都具备创新的能力，如果人们能把别人的成果嫁接到自己的工作上，就会取得事半功倍之效。

高密一中的"语文实验室计划"已经实施十年了，谁都承认是好经验。可十年了，它在潍坊推广到了多少所学校？即使是在高密，它也并没有得到很好的推广。为什么？

就是没有下决心形成操作层面的经验！原创学校凭经验实施，别的学校则听经验兴致勃勃，回到家半信半疑，不敢轻易动手。而且，对原创学校来说，如果没有教育行政部门的推动，他们就没有义务去为他人做嫁衣裳。

看来，仅靠某一所学校的力量是难以完成成果转化的。

2004 年 10 月，潍坊市教育成果"燎原计划"正式展开。第一个举措在全市高中教学工作会议上亮相，以教育局文件的方式，把安丘四中的"韩忠玉信心教育法"、昌乐二中的"学习过程最优化"、高密一中的"语文实验室计划"、寿光中学的"师生动力机制建设"推了出来。

文件一发下去，立即就成了会议的一个热点。

文件把几个经验具体化，把实施目标、实施步骤、注意的问题全部做成了可以操作的细目，毫无保留地奉献给了与会代表。

有这样一个结果，与我们的决心有关，也与我们的政策有关。教育成果"燎原计划"规定，凡纳入标准化的教育成果，全部作为市级教学成果予以奖励，而且要以创造者的名字命名，保护创造者的权益。

我们同时要求，全市各级各类学校都要主动对标准化成果搞点儿"拿来主义"，借鉴经验的学校也有义务为原创学校提供新的发展成果，以丰富新的经验。

我们就是希望墙里开花墙里香。

改革，改革，还是改革！

"什么是教育强市？怎么把潍坊打造成教育强市？"

潍坊市市委主要领导郑重地向我提出了这个重大命题，而这也是我几年来一直在思考的问题。

从全国的情况看，有些地区是经济强市，政府投入教育的财力不可谓不丰厚，但它们的教育却不尽如人意。而有些地区，经济发展水平不高，高考升学率却声名远扬，但从深层次看，它们对人的全面发展的忽略，特别是对升不了学的孩子的忽略，使人们对这样的教育又不能不有所保留。

潍坊不能等到经济真的腾飞起来再去思考教育强市的打造。而且，即使经济腾飞了，教育也未必能比翼齐飞。

打造潍坊教育强市的着眼点就是人，就是人的潜能的最大化。

潍坊要建设教育强市，就必须在所有领域都构建起充分调动人的积极性的机制，最大限度地解放人的思想，最大限度地挖掘人的潜能，最大限度地激活人的智慧。

而要真正实现这个目标，只有靠改革！

要想充分调动广大校长内在的积极性，就必须推行真正到位的办学体制和人事制度改革。校长职级制改革已经让潍坊的教育焕发出勃勃生机。

要想让学校能够自由呼吸、自主发展，就必须痛下决心，改变长期以来谁都可以指挥学校的局面。潍坊已经开始进行取消直属事业单位对学校的行政管理职能的探索，变管理为服务正在成为看得见的事实。

要想改变干多干少一个样、干好干孬一个样的局面，就必须彻底改变传统的分配制度。在潍坊，按教师人头拨付经费的传统体制正在逐步被革除，生均拨款机制的建设已经初露端倪。

要想杜绝教育资源的浪费，让有限的资源得到最充分的利用，就必须让办学效益评估机制真正进入政府督导体制。事实上，潍坊的督导制度建设也已进入柳暗花明的新境界。

要想真正引导教师进入课程改革的纵深地带，就必须把教学能手、优质课、优秀论文评选等"芝麻"大的小事看作引导教师专业发展的"西瓜"一样的大事。

《潍坊市教科院转变职能的意见》的出台，拿走了长期以来掌握在教研员个人手上的学科评优权，专门成立的"潍坊市教学评价鉴定中心"已经让这些评价成为引导教师专业发展的阳光下的评价。

这些都和现实存在着远近不同的距离。要把这些真正落实到位，唯一的出路就是改革。

现实的状况需要改革，事业的发展需要改革，未来的希望来自改革。

一路走来，我们需要的正是改革！

结语

人生感言

教育学其实是"人学"，而"人学"应该是最大的学问，也是人们首先应该了解的学问。从教二十多年，我自认为，我的成功不在于我从一个普通教师当了校长，当了局长，而在于我在读教育这本大书的过程中，感悟了人生，找到了适合自己的生命形态，找到了一条属于自己的道路。

让阅读滋养心灵

　　我真正的学习生活是从读书开始的，我真正的教育人生也是从读书开始的。读书，使我顿悟了教育；教育，使我顿悟了人生。

　　到学校教书后，一本《掌握人性的管理》让我爱上了企业管理类著作。作者玛丽凯用她自己退休后二次创业的经历告诉我，什么才是成功的人生。有一句话可以作为该书的灵魂。她说："每个人都渴望自己成为重要人物，管理的成功就在于使每一个人都感到自己重要。"我开始把玛丽凯"掌握人性"的实践在班级里实验，果然收到了意想不到的效果。我第一次感受到了书的力量。而在过去，我不过认为读书是读书、工作是工作罢了。

　　接下来，我读了松下幸之助的《经营人生的智慧》。老松下关于"松下公司主要是制造人才，兼而制造电器"的文化思考，在我初做校长的时候，帮了我的大忙。我甚至买了好多广告、摄影和建筑规划方面的书，当然也是因为喜欢，虽然这些书和我所从事的工作相去甚远，但后来我发现，在一些问题的处理上，有些念头竟然是来自这些看上去无用的画册，甚至罗素的哲学思考、约翰·基西克的《理解艺术》、热炉法则，都在我不自觉间教给我怎样生活、怎样思考、怎样教书。

　　在这里，我想再一次感谢苏霍姆林斯基，感谢他的《给教师的建议》，是它，第一次让我明白了什么是教育。苏霍姆林斯基对我影响最大的是学生观，"老师的心目中不应该有坏学生，只应该有心理不健康的学生"，给了我非常大的启发。一个教师不仅应该热爱学生，还要学会热爱学生，更要有爱的艺术，这是他在书中潜移默化地教给我的最重要的东西。

台湾的几位作家也是我感兴趣的。林清玄、张晓风、余光中、刘墉，我把他们排在一起，是因为在我眼里，他们属于给我相同影响的一类作家。

第一次读林清玄散文的时候，其细腻、真切的笔调，生动、感人的情愫，让我毫不犹豫地把他和女作家连在了一起。而张晓风白描中的厚重、平淡中的哲理，常使我暂时抛开尘世而遐思无限。接下来，一气读下去，便有了余光中和刘墉。每每读来，我几乎都在感叹：久违了，翻手为云、覆手为雨的语言驾驭能力！

从这几位台湾作家身上，我更加感受到了几千年古典文学的力量。没有传统文化的熏陶，就不可能有真正属于自己的风格，也不可能有真正的现代文化，任何对过去文化的否定往往都和浅薄、无知连在一起。说起他们对我的影响，恐怕在语文教改的指导思想上要更大一些。他们让我明白，在中小学语文课堂上，古典文学的分量不可减轻。这在当时是有争议的。幸好新的课程标准出来，替我解了围。

我在公开的文字中或私下的场合里都曾不遗余力地推荐过《中国人的道德前景》——这本书到现在还没有真正引起人们的重视。与其说它对我产生了影响，倒不如说它说出了压在我心底的想法。

我们的时代已经把青少年的思想"平铺在地上"，使他们变得越来越现实、越来越讲究实际，而我们的教育却依然在天上飘来飘去。青少年迫切需要的你不给他，你一定要给他的他却并不买账，问题不就来了吗？这本书告诉你如何把握人们的思想脉搏，讲了一些实实在在、明明白白，又言之有理、情有所依的道理，可能对拉近我们和青少年的距离非常有益。

时代在变，社会亦在变，而我们的道德前景却没有得到很好的调整，教育者的责任显得十分重大。

在这里我不能不提到杜威和他的《民主主义与教育》。我真正理解《民主主义与教育》是在新课程实施之后。杜威对思维能力培养的认识提醒我越来越重视思维在课堂教学中的地位。同时，孩子们应该"从做中学"，思维发生于行动之中，没有某种思维的因素就不可能产生有意义的经验。思维起于不确定的有问题的情境，要培养思维能力，首先要提供合适的情境，而经验、活动课程恰恰能提供这种情境，儿童在这种情境中能产生自己的问题。这样一些理解，深化了我们对教学的理解，使我们能够把教学放在一个更广阔的空间去实现。当然，杜威以一个哲学家深邃的目光，对教育乃至于对人生的审视，都可以引发我们的反思。

再后来，我又回到了原来没有读懂的书上，包括尼采、卢梭、叔本华等。我进一步明白了，教育本来挺简单，只是我们人为地把它搞复杂了。把孩子们当作活生生的人来看待，让校园里充满民主、平等的氛围，让老师、学生在校园里自由呼吸，教育就不会有多少问题。

"人们所看到的，都是他能看到的；人们所听到的，都是他能听懂的。"从某种意义上说，读书大概就是让我有了能够看到一些什么的可能，有了能够听懂一些什么的基础罢了。

这，也就够了。

把简单的事情天天做好

我在高密四中当校长时，也算有了一些成绩，于是，不断有一些人到四中参观考察，他们总是喜欢提出一个问题，就是四中的"真经"到底是什么。

我实在想不出什么"真经"，但有一点我还是蛮有体会的，就是"把简单的事情天天做好"。

一位教育同行听了，若有所思地叫了出来："噢，那就不简单！"

的确，什么是不简单？把简单的事情天天做好，就是不简单。

看病号，是个简单的事情。只要是老师或者其家属病了，我肯定要去他们的床前问候。我没有因为任何理由耽误过一次，无论是出差、开会还是放假，抑或自己生病了，我仍然坚持这样做，这愈加使老师们感动。

听了课就要评课，这是个很简单的事情。大部分人听完也就完了，而我始终坚持听了课就一定要评课。这不是我给老师们立的规矩，而是我给自己立的规矩。事实上，后来自然也成了全校的规矩，这样，教研的效益自然就高了不少。多少年了，到现在我始终坚持着这样一个习惯。

把班级黑板报上学生习作中的警句抄下来，向学生们推荐，同时，还要告诉他们作者的文章好在哪里，这也不是一件难事，难的是坚持做下去。有不少学生因此热爱学校，热爱学习，最终走向了成功。

每年春节给教职工的家属发一张慰问卡，是个简单的事情。我们每年都能做好，而且一年一个新花样，挖空心思让家属感到赏心悦目。一张小小的卡片带去的是温馨、是爱心，同样也是送卡人的匠心独运。人们很容易发现，这里面没有敷衍，只有真诚。

学校晚上要拉亮的灯总共是330多盏。哪一盏要在什么时间打开，又在什么时间灭掉；哪一盏必须亮一个通宵；哪个人负责哪一盏：天天如此，这就是不简单。

一位来四中参观的教师课间在阳台上随手丢了一个纸团，立即被一名学生捡走了；一位上级检查团的领导不相信这里的学生具有那样强的责任心，课外活动时有意打开了教室里的日光灯，结果马上就走过来一名学生将灯关上。

……

在我们学校，有一句说起来似乎有点儿拗口的话，叫作"在什么时间干什么事，在什么地方干什么事，干什么事就要干好什么事"。应该说，这不算什么难题，更不是什么了不起的要求，但细想起来，要真正做到，特别是要天天做到、处处做到，还真是不简单。

让每一个人都感到自己重要

让每一个人都感到自己重要，不是简单的一句话，而是改变我人生的哲学命题。

有一个时期，我已经失去了做管理工作的热情，我越来越怀疑自己的管理天赋。你实施的任何管理举措，总会有人想出许多理由和你"过不去"。于是，管理变得琐屑、无聊而且麻烦起来。没有了尊重、理解，更没有了成就感。

后来，我慢慢明白了，做了几年管理，其实我并没有真正理解管理的真谛。管理管理，只有管没有理，是不能叫作管理的。每一个被管理者都是活生生的个体，你不把被管理者放在应有的位置上尊重他们，理解他们，甚至热爱他们，你的管理就不会有太大成效。管理，其实是组织才华的艺术，又是开发才华的艺术。管理者更应该注意欣赏才华，使才华最大限度地升值，这里面有着很高的管理境界。

我以"让每一个人都感到自己重要"这样一个思想基础看待管理，然后研究管理的办法，调整管理的思路，果然收到了很好的管理效果。而且，随着时间的推移，人们开始把我视为朋友，当作成就自己的助手，甚至感谢我为之搭建的成功平台。我开始找到了一个管理者的感觉。

我应该感谢谁？

我心里越来越明白，我应该感谢这样一句话：一个管理者应该"让每一个人都感到自己重要"。这句话虽然直接来自玛丽凯的《掌握人性的管理》，但事实上，还有好多人间接地甚至更艺术地告诉了我，他们是《人性的弱点》的作者卡耐基、《成功的策略》的作者吉米·道南……

有所不为有所为

台湾学者蔡志忠先生有收藏佛像的爱好。

他在决定收藏佛像之前，就立志做不同一般的收藏家。所以，他没有像一般人那样把木刻、石雕、泥塑的佛像一起收藏，而是选择只收藏铜佛，其他的一律放弃。表面看来，只收藏铜佛，很难和什么佛像都收藏的人相比，和其他什么古董都收藏、"琳琅满室"的人比起来，好像更加单调、贫乏。但是，很快，事实证明了蔡先生抉择的正确。他只花了一年的时间,就收藏了1000多尊铜佛，到现在已收藏了2000多尊。特别是中国宋元明清时期佛像的收藏，已具世界一流水平了。

很多人收藏古董，花十几年、几十年，有的甚至花了一辈子的时间也没有搞出这么大的名堂,这就是因为没有处理好"取舍"。蔡先生敢于舍弃其他东西，才使他的金钱、心力发挥了最大的边际效益。如果他没有做这种舍与取的选择，而是见猎心喜，漫无目的地收藏，那么各种收藏一定都只是一些皮毛，他就难以成为世界级收藏家了。

一般人只学会了取，却没学会舍，于是他取得的便很有限，便不多不精。那些表面看起来什么东西都抓在手里的人，由于两手抓满了很多不见得那么需要的东西，因此在碰到真正喜欢或需要的东西时，不是茫然而不自觉，错失机会，就是心有余而力不足，根本就没有多余的手去掌握了。

联合利华公司前首席执行官佛罗里斯·梅尔杰斯说，在每个方面都杰出不是一个可行的目标。滴水能穿石，只因为它永远打击一点。

一个人要懂得自己不需要什么。

1995 年，我们高密一中集中了很大力量进行课程体系的完善、校本课程的开发。设置选修课、活动课需要添置大量的教学器械，从社会上聘请特长教师也花费不小，但没有办法，在我们看来，这是必要的开支，因为它直接影响着我们的育人目标，我们必须这样做。而在当时，和我们处于同一个层次的学校，基本上都被评定为省级规范化学校，而我们和省级规范化学校的硬件条件差距非常大。譬如说，体育馆就是评定省级规范化学校必备的硬件之一。如果我们把用在课程建设上的钱挤掉，完全可以建一个体育馆，而课程建设对评定省级规范化学校来说又不是指标，但我们还是没有那样做，因为我们的近期目标和远期目标都不是评上省级规范化学校。尽管我们学校到现在都没有体育馆，但学生在高水平的自修楼、探究室、网络中心、多媒体演播中心以及各种选修课、活动课等优良的装备条件下，得到了充分发展，我们由此培养出了一大批出类拔萃的学生，省教委也因此破格以免检的方式授予我们省级规范化学校称号，同时授予我们省素质教育实验学校称号。

所以，敢于在一些地方认输，不是真的输了，说到底还是为了赢。有所不为是为了大有作为。

后来以一中为依托新建一所民办分校，又是在建筑投资的问题上出现了争议。投入同样的资金，既可以建一个游泳馆，也可以建一个体育馆加一个 300 米的塑胶跑道。如果建一个体育馆和一个塑胶跑道，学校就可以顺利通过国家级示范学校的初审，而游泳馆在国家级示范学校的验收中没有要求。孰重孰轻？没有怎么思考，我们还是放弃了又一个可能使我们头戴光环的机会，用这部分资金建起了全市仅有的一个游泳馆。因为在整个市区，近三万名中小学生都没有学习游泳的场所，一个个都是"旱鸭子"，他们在全球一体化的背景下如何在"地球村"生活？高密没有大江大川，可说不定将来你会到江河纵横的地方去闯天下。从高密走出去的人是不是复合型人才？有没有自我保护能力？对此，游泳馆比起一块示范学校的牌子来，就显得特别重要了。

到现在，一中依然没有漂亮的大门，没有行政办公楼，没有雕塑。我们没有的东西真是太多了。但我们知道，这些都不是我们最需要的东西。

1999 年，IT 冲击校园，网络背景下的人才培养成为新世纪的重要课题。这时候，能不能尽快建设数字化校园，让教师、学生在网络背景下工作、学习，对我们来说就显得特别迫切、特别重要。可恰恰在这个时候，我们学校成为承办省中学生运动会比较有希望的候选学校之一，这应该说是千载难逢的机会。当时学校的操场不达标，没有塑胶跑道成了申办运动会的瓶颈。孰重孰轻？何去何从？权衡利弊，我们只好"有所不为"，忍痛割爱，放弃了建造塑胶跑道的想法，也放弃了这个千载难逢的机会。尽管这样做使宣传学校的机会与我们失之交臂，但我们却用腾出的资金搞起了一个有 500 多个终端的千兆校园网，实现了数字化校园，实现了教师每人一台办公电脑，实现了因特网和液晶投影仪、实物投影仪进教室，多媒体技术下的教学效益大大提高。网络背景下的教学给了我们的教师和学生太多启示，这不是一个中学生运动会所能代替的。

高校保送生一直是一些重点中学下力气争取的，有些业内好心人也常常劝我们：一中发展到今天这个程度，在大学里也有些影响了，如果做一做保送生的事，应该没什么问题，保证可以送走一大批学生。其实，我也知道没问题，但我们一直没有投入精力去做。因为我们知道，有了保送生名额，固然可以使一部分学生有一个比较好的出路，使被保送的学生和家长高兴，但由此带来的负面效应也不能小看。你要赚便宜就必须付出代价。后来的事实证明了，一旦社会上一些不健康的东西渗入校园，一个校长是无能为力的。如果保送生的推荐和走后门等不正之风结盟，就很容易污染校园这块净土。教育的高尚、教师的人格、教育的力量在人们眼里大打折扣不说，学生到哪里去寻找信念的"伊甸园"？

后来，我到高密教委工作，一直没有在各所高中学校举办高考复读班。一开始，校长们并不理解：各个县都在搞，唯独我们听话，逞什么英雄？再说，也直接影响各所高中的升学率。但是我想，牺牲了一点儿升学率，却使各所高中维护了较好的教学秩序。因为一旦放开让各所高中举办高考复读班，为了吸引生源，他们必然要把最好的师资全部"押"在复读班上，造成不必要的人才资源的浪费。而高一、高二往往就会没有足够的骨干教师，从而使基础教学受到极大影响。再说，各所学校由于激烈争夺生源，不仅丢尽了校长、老师的面子，而且在学生面前也失掉了不少教育的力量。

细想起来，丢是丢了一些，可我们也得到了一些也许更重要的东西。

不要混到划船的队伍中去

1993年，新学年开学不久，县教委到高密四中召开表彰大会。我和到会的几位领导正在办公室里商量事情，这时，一位负责布置会场的老师跑到办公室，他抱着两个不知是谁送来的大花瓶，看到我第一句话就是："校长，这两个大花瓶该放到哪里？"我不假思索地回答了一句："谁安排你的就找谁去。"这位老师会心地笑着走开了。

坐在一起的几个人都以异样的目光看着我，我也笑了。说实话，我不是不知道花瓶该放到哪里，而是我不能破坏这样一个规矩——我不能越级指挥，他也不可以越级请示。

每一所学校都像是一条在海上行进的大船，每个人首先想到的都是划船，校长就相当于船长。所有的人都急于让船前进或者前进得更快，在这样的气氛里，校长本人最容易加入划船的队伍中去。其实，校长不应该划船，他应该是舵手。

也许有人要说，你也太小题大做了，告诉一下花瓶放到哪里，还能给你的管理带来什么了不起的破坏吗？我承认，单纯就事论事，是没什么大不了的，但问题在于由此可能引发一系列问题。譬如，当真正的会场主管人让那位放花瓶的老师改动花瓶位置的时候，那位老师会不会说这是校长的决定？再者，那位会场主管人听到这样一个消息，会不会从此缩手缩脚，变得事事请示校长，使这个中间执行层的职能萎缩？这样的事多了，不仅放花瓶的，还有烧锅炉的、剪草坪的，全都有理由跑到校长那里请示一些看上去不好决定的事情。

这样一来，校长最终就不再是校长了，因为他做的事情已经不是校长应该做的，校长不过是一个名分而已。

所以，我们的规矩很明确：员工可以越级汇报，但不能越级请示；与之相应的是，领导者可以越级检查，但不能越级指挥。

校长似乎可以有理由"懒惰"一点儿了。

研究一下历史你就会发现，很多政治上高明的领导者，都是不聪明而"懒惰"的。以一般人的眼光来看，他好像《呆伯特法则》里面的主管，明明什么都不会，偏偏官运好像特别亨通。领袖不一定是最聪明、能力最强的人，只要领袖有宽广的胸怀，能够授权别人去做，事情一样可以完成。

1910年，美国钢铁大王卡内基聘请了一位不懂财务、不懂钢铁制造，也不懂营销的人当总经理，年薪是50万美金。当时大家都很纳闷儿，既然那个人什么都不懂，卡内基为什么还要用那样的高薪聘请他来当总经理？他究竟有什么能耐呢？原来，这位总经理每天就只做一件事：他不断地请各部门的人员来开会，请他们就自己负责的工作提出看法。然后，在大家热烈发表意见之后，他就问一个问题：还有没有更好的方法？可以想象，这句话问出之后，大家自然而然地就继续探讨更好的方法，因而产生了许许多多以前从来没有想到的创意，并发现事情果然可以做得更好，办事情的效率自然也就提高了许多。

所以，我不断地向大家推销这些分权、分责的文化，把担子压到每一个人的肩膀上。那时候，学校领导层里时兴一句话：还有没有更好的方法？于是，还真的就生出那么多好的主意来。

既不重复别人，也不重复自己

1995 年暑期，组织上安排我到高密一中担任校长。

当时的一中很有点儿人心涣散，老师们对学校的前景信心不足。在这样一种状况下让我这个三十几岁的"年轻人"去担此重任，据说，一个重要的理由是他们认为我是个"铁腕"人物，他们似乎希望用一用这个刚性的东西，包括他们认为的我在四中的"大刀阔斧"和"敢作敢为"。

尽管我已经有了在四中做三年副校长、五年校长的经历，但就主持一中的工作来说，这些似乎都不能成为让社会各界放心的理由。于是，业内业外的人士以不同的心态关注着一中的每一点变化。有些好心人后来才告诉我，当时大家议论最多的就是：将四中的那一套拿到一中行吗？一所乡村学校的成功，能在多大程度上为这所全市最高学府提供借鉴和动力？

在四中当校长时，尽管我很年轻，但在学校我却是"老资格"了。我已经有了十年的校龄，不说对学校的一草一木都了如指掌，即使单论校龄，也没有多少人比我更长。还有，四中的骨干教师大都是我的朋友，我们是一起成长起来的，大家心里想的是什么，我还是比较清楚的。即使有些小的失误，老师们也会马上反映给我，他们甚至会在校长室里和我争吵、与我辩论，我表面的"铁腕"其实有着一个非常民主的基础。

在一中，情况就完全不同了。从我踏入校门的第一步起，就已经与老师们有了一条"看不见的战线"，对于这一点，我还是十分清楚的。分析一中与四中的不同之处，成为我踏入一中校园之后的"第一项修炼"。

我记得比较清楚的是，1995年，正是从企业管理中的"厂长负责制"延伸出的"校长负责制"在校园里被复制得如火如荼的时候，整合权力、显示权力在好多校园里生机勃勃。我隐隐地感觉到，如果我也顺着这条路子走下去，一中就不可能走得太远。在一个社会逐步走向民主、平等的大潮里，在一个社会呼唤人性化的大背景下，学校有责任锻造未来公民的灵魂。而在过分强调长官意志、让权力随意徜徉的校园里，怎么可能塑造出代表未来发展方向的公民？

于是，"建设民主校园"成为1995年高密一中的主题词。

我们开的第一个会是学校教职工代表大会。尽管老师们并不十分熟悉和习惯这种民主，尽管拘谨和不自然还是明显地弥漫在会场上，但他们会下的兴奋、激动使我们感受到了他们对民主的渴求。

我们出台的第一个文件就是教职工聘任和工资分配方案。在两个星期的教代会上，各方代表最为关注的也是这个方案，因为它涉及利益再分配。不同立场的人最终都站到学校大局的立场上。有了民主，也就有了让步、有了妥协，一旦给了大家充分的民主，集中也就显得特别有力量。

在教代会上，我们同时还出台了一个限制干部权力膨胀的文件。其中规定，教代会如果有一定数量的代表联名，即可进入罢免校长的程序，而中层干部的任命则必须有80%以上教职工代表的信任投票，否则，他就要自动辞职。学校的年度财务预算必须经过教代会通过，而月度财务预算则要经过民主理财小组审查。当然，我也没有像一些人那样把太多权力揣到自己的口袋里，甚至我连那些最基本的权力都没要，包括财务签批权。因为我有更重要的事要做。

其实，对学校来说，更重要的应该是把民主还给学生，打造一个民主校园。从学生十大自我锻造工程到教学关系大讨论，从无人监场考试到班主任职责的重新界定……有了民主，也就有了学生们的热情，有了学生们的自由呼吸和主动发展。

现在谈起高密一中的成功，大家往往要聊起好多像高密四中一样的改革"新举措"。其实，一中成功的起点就是一个"民主"罢了……

2001年5月，正当我在高密市教委把分层管理、重心下移、放权给下属搞得游刃有余的时候，一纸调令又把我调到了我的上级教育主管部门——潍坊市教育局担任局长。很明显，对我来说，这又是一个重大考验。说实话，我已经习惯了尽可能少地使用权力，尽可能少地管理具体事务，发挥属下的主动精神和创造能力早已成为我工作的一个品牌。但是，在这样一个全新的工作岗位上，我不敢重复自己。我知道，我必须在管理的过程中尽快进入角色，尽快熟悉情况，尽快了解每一位同事和部属的特长、个性和工作特点。正确的决策来自你对手下资源的调度、整合，如果你不了解这些，那么你的决策就会面临威胁。在层级分明的机关里，我第一次推行扁平式管理，我开始与每一位科长、每一位科员打交道。在两年的时间里，我的工作变得"琐屑"而又"庸俗"起来，但我的工作基础却在这些平凡的过程中变得更加科学、扎实。我又找到了一个不会有太多失误的工作状态。

不重复自己，需要可贵的自省；而不重复别人，则更需要自信。

当然，如果说有什么是可以重复的，那么，实事求是的思维方法可能算是一个，向规律靠拢的工作态度也可以算一个。

起点上的终点思考

一个人在思考自己人生方向的时候，有一个非常重要又实用的方法——由终点开始思考。譬如说人生七十，你可以先想好七十岁想干什么，要达到什么程度，身边会有什么人……当这些明确时，你就知道五十岁的时候自己应该在哪里，已经完成了些什么；再推想四十岁、三十岁以至今天。

因主持 CCTV《正大综艺》栏目而红透了半边天的杨澜，在她最红的时候却突然从央视节目中消失，不再主持中央台的黄金栏目。在许多人为她惋惜的当儿，她却躲到国外进修学习去了。用她自己的话说，就是要"挑战一下自己"。

很多人都不明白她葫芦里到底卖的是什么药。其实她的想法很明确，她喜欢当一个有智慧的主持人，当一个靠人格魅力赢得观众的主持人，而不是靠年轻、脸蛋儿吃饭。她希望自己在迈入老年后，还能够继续自己的事业。所以，她暂时告别了令人陶醉的金话筒。

今天，当你再来看杨澜做的节目时，你很可能会发现一个全新的杨澜。一个已经是两个孩子妈妈的杨澜，以内涵和气质赢得了观众，她好评如潮靠的是自身修养，从战略上说，是"终点思考"的人生韬略帮了她的大忙。

大学毕业后，大概在四五年的时间里，我的一些比较要好的同学大多跳出了校园，有的下海经商，有的做起了公务员，而且一个个都做得十分出色，我也有些按捺不住。可是当我真的进行"终点思考"的时候，我冷静了许多。那些终点目标都不是我梦寐以求的。下海经商最好的结局是挣了花都花不完的钱，而且衡量你成功与否往往就是看钱的多少。而花都花不完的钱不是我这一生最终追求的目标。既然如此，我何必下海？而做官呢，我还是有自知之明的，凭自己的个性、气质甚至背景，我都不可能成就什么大事业，虽没在官场体验过，但作为旁观者也略能看开一二。尤其叫我难以接受的是，在官场上往往当事业正辉煌的时候却因为年龄的原因而没有了舞台，而这样的舞台自己却没有办法重新搭建。

"终点思考"使我又按捺住了自己，开始在校园里潜心于舌耕笔耘。

后来，领导一所学校，"终点思考"又一次帮助了我。刚开始接手一所新的学校时，我总是急于改变一些什么，嘴上说不烧三把火、不踢头三脚，可脑袋里还是有些发热。为了应付一时的检查、评比，给学校创一些名气或牌子，常常把老师们折腾得精疲力竭，一时半晌这样也就罢了，问题是这样的事情一直有增无减。学校的奖牌是多了，可同时也出现了一些不好的苗头——老师们似乎没有人再找我借书了，碰到一块儿也不再像过去那样交流各自的读书心得了，研究学生的风气也在衰减。学生变得有些浮躁了，原因是课堂上的老师有些浮躁。我开始静下心来思考我的办学理想。我的目标是把学校办成一所省内外知名的特色学校。要达到这样一个目标，第一位的就是教师的一流。教师的一流不仅仅来自学校的刻意培养，更来自一个可以激发生命活力的机制，来自教师自我发展的内在动力。如果按照刚开始的那种方式管理学校、要求教师，实现目标就是一张空头支票，南辕北辙势在难免。有了这样的思考，就有了这样一些措施：研究一套建立在全新管理观念之上，致力于节约被管理者时间的管理模式。只有教师有了属于自己的时间，他们才有可能提高素质。要允许老师们种一些"自留地"。要张扬教学个性，培养有个性的学生，首先要允许有个性的教师发展。提倡个人的自我实现，人人制订"个人成长方案"，做成名成家梦。

很快，我们许多老师就在一些领域崭露头角，有的还真的成了省内外知名的专家。校园里弥漫着向上的空气，老师的成功带动了学生的成功，学校发展进入了加速冲刺的阶段。

"终点思考"其实挺简单。在日常生活的旅途中，我们通常知道，乘飞机，应该提前到达机场，还要提前出门上路。但是在生命的旅途中，我们却常常出现这样的错误：不是迟迟不肯出发，就是出发之后中途又犹豫不决，或者瞪眼看着时机与自己交臂而过，永不再来。仔细想来，错误的造成在很大程度上是因为没有进行"终点思考"。

把成功设计成一种危机

1996 年，是我到高密一中之后的第一个高考丰收年。对一所高中学校来说，这不能不说是一件令人振奋的大事。在家长、社会的一片赞誉声中，老师们有点儿陶醉。但我很清楚，丰收的背后有很大的危机。其中，艺术教学明显薄弱，理化学科成绩平平，文科重点学生上线比例偏低。如果在这个时候指出我们的问题，果断地向成功开刀，既不会影响老师们的情绪，又可以给大家浇一点儿凉水，防止他们头脑发热。于是，我们在全校范围内及时开展了"查查身边问题，找找自己弱点"的活动。事后，老师们说，不找不知道，一找吓一跳，我们的问题还真的不少。

这一活动给全校教职工带来的是冷静的态度和踏实的作风，老师们又以崭新的面貌去应对全新的挑战。

向成功开刀，把成功设计成一种危机，是给自己的一个善意的提醒，这个时候其实也是你最能听进反面意见的时候，不要错过时机。而当你真的失败的时候，也许倒不宜轰轰烈烈地总结教训。古人说的"闭门思过"，指的大概就是这种时候。

向成功开刀，有时候可以帮你重新解剖成功的内涵，加深对成功的理解。

我们有一所小学，搞了一个"快速作文"的实验，被列为较高级别的实验课题，三年下来，实验的结果叫校长高兴，让家长放心，不仅学生的作文成绩直线攀升，而且他们在报刊上发表的习作也是随处可见，专家们的实验鉴定也给予了高度评价。不管是谁去这所学校，校长都会带着客人去班上欣赏孩子们关于快速作文的"表演"，这样看起来改革似乎是成功了。

后来的一件事却引发了我们对这项实验的反思。在一个教师培训班上，一位外校的教师要给培训班上一节示范课，听课的就是这所实验学校的学生。现场有一个当堂作文的内容，谁知，不到一刻钟，全班学生无一例外地全部完成了任务。有的学生甚至主动做了声情并茂的"朗读表演"，着实给授课者脸上增光不少。示范课上得精彩、风光，台上、台下兴致盎然，示范课看来是成功了。可是，那位授课的教师事后却非常苦恼地告诉我，这样一堂看上去似乎成功的示范课却叫他忐忑不安，因为他发现全班近 60 名学生中，有一半学生的作文内容雷同，其余的也大都是假话、套话、空话。表面上课堂的成功隐藏着教育的失败。

我们终于发现，"快速作文"实验的"成功"，只是对某一种理论的"注释"的"成功"，失去了对学生真情实感的尊重，更不顾说真话、抒真情的语文教学规律。而没有学生的成功，任何热闹的实验都不会真正地成功。

于是，我们从解剖这个"成功"的实验开始，逐一研究我们承接的若干个教科研课题，重新思考成功的真正含义，重新为成功定义，成功显得实在了许多。

向成功开刀其实是一种思维方式，也是一种处理问题的思路。

本杰明有一句话叫"把现状设计成危机是一种策略"。其实，把成功设计成危机更是一种策略，从著名的"末日管理法"到"总是把危机顶在头上"，都可以让人们一步步地从幼稚走向成熟。

不要像一般的人一样生活

我的笔记本电脑的桌面上有这样一句话："不要像一般的人一样生活，否则你只能成为一般的人。"

把这句话反过来说，也许我们会更加清楚：如果你想成为不同一般的人，那么，你就不能像一般的人一样生活。

我的一位老领导总是喜欢跟我们那些希望事业得到超常规发展的同事说这样一句话："你没有超常规的思路，你没有超常规的办法，你也没有超常规的措施，你又想达到超常规的目标，这怎么可能？"

是啊，这怎么可能！你想成为不同一般的人，但你却一直俗不可耐，像一般的人一样生活，一样工作，一样追求，一样思维，一样朝九晚五，一样春种秋收，你凭什么可以成为不同一般的人！

我当然不敢说，我们已经不像一般的人一样生活了，但我却可以说，我正在与我的同事们相约，尝试着这样做。

一般情况下，大家对上级的指示往往贯彻执行"不走样"，并以此为荣，而在我们这里，却常常要求大家"走样"，我们称之为"创新工作成果"，而且，这个成果已经成为评价各个部门、每位员工的重要指标。

一般情况下，大家喜欢经营自己的职业，特别是追求级别、待遇、房子等，我却经常忘掉这些，拿出更多精力和时间去不断挑战自我，不断刷新自己，尝试新的工作方式和生活方式，给自己制定一些不可思议的目标并全力实现它，给自己一些惊喜。我把它看作人生的自我奖赏。

一般情况下，大家都能"在其位，谋其政"，但仅仅如此，肯定只能成为一般的人。除此之外，我必须种好"自留地"。在自留地里，常常意外地长出个性的花、特别的草，尽管打不了多少粮食，却往往能给你意外的收获。

一般情况下，人们都是在学校里学习知识，到社会上运用知识，而我却深知自己学问的浅薄、知识的粗疏，从参加工作之初，就开始不断地向书本学习，向实践求教，只要听到先进的东西，就立即前往求学，其收益岂可车载斗量？

一般情况下，人们往往是干什么才学什么，对一些于谋生"无用"的东西或者不屑一顾，或者无暇顾及，而我则喜欢买一些于主业"无用"的书，读一点儿与主业毫无关系的东西。

一般情况下，人们喜欢读一些流行而又时尚的书，而我则往往喜欢读一些不合时宜的东西。譬如，当以学生为中心已经席卷校园的时候，我却重新找来凯洛夫的《教育学》，才发现我们对凯洛夫的批判并不公允。

一般情况下，人们把工作与休息区分得很分明，而我却经常把它们混在一起。从宿舍到工作单位要走40分钟，对我来说，这是难得的休息；而走得有些汗津津了，坐到办公桌前处理一些事情，更是一种休息；外出开会、讲学是难得的休息，因为比起在家里来，那的确是单纯多了；而回到家里，没有了外出的颠簸，也不乏是一种休闲。

我已经记不起这句话是谁说的了，但它却教我走上了一条属于我自己的道路。这句话说起来轻松，但沉下心来想想却回味无穷，它时时提醒着我：不要像一般的人一样生活。

后 记

写这本书的日子里，我一直在思考一个问题，那就是：我能够告诉人们一点儿什么？不然的话，我为什么要写这本书？

这个问题一直困扰着我，使我下不了决心。

开始的半年多时间里，我一直希望把自己隐藏起来，把发表过的论文汇集起来交差，但却挡不住编委会老师们的慧眼。在他们的耐心等待中，我开始沉下心来思考自己，思考那些叫我感动的同事、那些让我成长的故事，也思考失败、教训和挫折。写到最后，我终于明白了，其实，可能真正能给人们一点儿启发的，大概就是那些教训了。

我很喜欢《掌握人性的管理》这本书，也很喜欢作者玛丽凯的一句话，她说："我诚挚地相信，生命是一连串的企图和失败。只有在偶然的机会中，我们才能体验到成功，最重要的是继续尝试。"

其实，如果我们真的想开一点儿，就会真的明白，失败并不丢人，真正失败的是那些放弃的人。可以引以为自豪的是，我不是一个可以随便放弃什么的人，当然，我也不会轻易决定去干什么。因为干什么，对我来说就意味着要干好什么。

本书有三条线索，一条是教学线，主要是写语文教改的起因和过程。因为我本身就是一名语文教师，到现在我还为没有把"语文实验室计划"做到理想状态而忐忑不安。说真话，我正在寻找机会，为把"教育部特级教师计划"做得更好而创造条件。第二条是教育线，主要是写了我的学生观的变化。在这一点上，我应该感谢苏霍姆林斯基，他教给我的东西实在是太多了。第三条则是管理线，主要是写我从管理一所学校到管理一个县的教育，进而到管理一个地级市的教育。在这里，我希望把我对管理的一些理解写进去，特别是在不同层面上的一些不同的思考。在管理上，我更多地受到西方企业文化的影响。我一直认为，管理的最高水平不在教育界而在企业界，最关注人的潜能发挥的目前也是企业界。

遗憾的是，每一条线几乎都是充满遗憾的射线，但也幸亏是射线，才使我有机会去延伸和弥补。

"少年不识愁滋味。"年轻的时候，刚刚做了领导，我总喜欢拿一句"岂能尽如人意，但求无愧我心"安慰自己，总感到这是一个不难达到的境界。人过不惑，我才慢慢悟出一些味道："但求无愧我心"是一件多么难的事情！

限于水平和时间，我没有办法把这样一本跨度很大的书写得引人入胜。我从来不认为自己是教育家，也不认为有自己的教育思想，所以也就从来没有想过建构自己的所谓"体系"，甚至永远也不会有这样的想法。至于别人怎样去总结、评论，那是别人的事情。我只是力求把一些原生态的东西提供给读者，在教育实践中我遇到了哪些问题，是怎样解决的，在解决过程中又有哪些困难，从中又有哪些感悟，有什么就说什么。我相信读者是聪明的，究竟应当汲取什么，他们自会做出判断。

写这个后记的时候，恰逢感恩节。

看着别人发给我的表达谢意的短信，我心里却在想着给我帮助的人们。是的，我应该感谢的人真是太多了，我的师长、我的领导、我的同事、我的朋友、我的亲人，还有我的学生们，他们给予了我太多鼓励和支持，给予了我太多厚爱和关注。想到这些，心中便涌动着一股难以言说的感动。

我能够送给他们的只能是真诚的祝福：愿好人一生平安！

致 谢

本书初版作为"中国当代教育家丛书"之一，于 2005 年 2 月由高等教育出版社出版。10 余年来，承蒙读者朋友厚爱，累计印刷近 30 次。谨向"中国当代教育家丛书"编委会袁振国教授、叶之红主任以及所有参与丛书编辑出版工作的老师们致谢！

本次再版，仅做了少量文字修改，版式做了较大调整，敬请读者朋友们批评指正！

出版人　李　东

责任编辑　何　薇

装帧设计　奇文云海·设计顾问

责任校对　贾静芳

责任印制　叶小峰

图书在版编目（CIP）数据

为了自由呼吸的教育／李希贵著.—北京：教育科学
出版社，2017.7（2025.7重印）

ISBN 978 - 7 - 5191 - 1121 - 2

Ⅰ.①为… Ⅱ.①李… Ⅲ.①中小学教育—文集
Ⅳ.①G63-53

中国版本图书馆CIP数据核字（2017）第116989号

为了自由呼吸的教育

WEILE ZIYOU HUXI DE JIAOYU

出版发行	教育科学出版社				
社　　址	北京·朝阳区安慧北里安园甲 9 号		邮　　编	100101	
总编室电话	010 - 64981290		编辑部电话	010 - 64989179	
出版部电话	010 - 64989487		市场部电话	010 - 64989009	
传　　真	010 - 64891796		网　　址	http://www.esph.com.cn	
经　　销	各地新华书店				
印　　刷	运河（唐山）印务有限公司				
开　　本	720 毫米 × 1020 毫米　1/16		版　　次	2017 年 7 月第 1 版	
印　　张	19.25		印　　次	2025 年 7 月第 20 次印刷	
字　　数	260 千		定　　价	78.00 元	